KB211149

그 나라의 봄

그 나라의 꿈

우리 인생 가운데 친히 찾아 오셔서 그 나라 꿈꾸게 하시네

김도현 지음

필로
PHILO

추천사

　제자됨의 핵심적인 요소 중의 하나는, 이 세상 속에 살지만 하나님 나라에 기준을 두고 나그네로 이 땅을 살아가는 것입니다. 그런 사람들은 자신의 위치와 현재에 안주하지 않고, 기꺼이 자신의 안전지대를 벗어나 거칠고 험한 광야로 나아가 하나님 앞에 서기를 두려워하지 않습니다. 이 책은 나그네로 살아가는 한 젊은이의 진솔한 이야기를 담고 있습니다. 자신의 실수나 아픔까지도 미화하지 않고 담담하게 적어 내려가는 도현 형제의 이야기 속에서, 그를 광야로 부르시고, 새로운 길로 인도하시며, 친히 그를 빚어가시는 하나님의 손길을 생생하게 만날 수 있습니다. 이와 같은 믿음의 모험을 꿈꾸는 모든 이들에게 기쁨으로 이 책을 추천합니다.

강명식

찬양 사역자, 숭실대 콘서바토리 교회음악과 교수

　그동안 도현이와 함께 하면서 아버지의 창조적인 손길이, 성

령님의 치밀한 인도하심이 어떻게 한 사람의 '예배자'를 키워내
시는지 곁에서 목격했던 것을 이 글을 통해 더 깊이 확인할 수
있었습니다. 도현이의 글을 읽으며 나는 그의 뜨거운 영혼의 고
백을 느꼈으며, 그의 내밀한 삶의 반추(返追)를 따라가는 내내
'우리의 이 작은 생이 정말 하나님의 손에 있구나!' 하는 안도와
감사의 시간을 가질 수 있었습니다. 오늘날은 다시 은혜가 너무
나 그립고 절실한 시절입니다. 무엇으로도 끊을 수 없는 그 사
랑, 하늘 아버지의 손길을 회복하기 원하는 모든 '천국 동지'들
에게 이 책은 큰 응원이 될 것으로 믿습니다.

김우현

영상 다큐멘터리 감독, 『맨발천사 최춘선-가난한 자는 복이 있나니』의 저자

이야기는 힘이 있습니다. 이야기를 듣는 사람을 그 이야기
의 여정 속으로 초대하기 때문입니다. 특별히, 그 이야기가 자신
의 추억과 맞물리는 지점에 서게 될 때 그 이야기는 더 이상 타

인의 것이 아닌 나의 이야기가 되곤 합니다. 김도현 사역자가 써 내려간 자신의 솔직한 삶의 이야기를 나는 단숨에 읽었습니다. 바로 그의 삶이 내 삶의 한 부분과 맞닿아 있었기 때문입니다. 그가 만든 노래들을 익히 불러왔던 한국과 일본 교회의 수많은 성도들에게 역시 마찬가지일 것입니다. 우리의 신앙 여정 가운데 맞닿아 있을 이 책의 이야기는 저자의 것임과 동시에 우리 자신의 것입니다. 그에게 말씀하시고 이끄시는 성령의 음성을 모든 독자가 누릴 수 있길 축복합니다.

김준영
미커스 대표

이 책『그 나라의 봄』은 노래 가사를 닮은 김도현 형제 삶의 이야기입니다. 하나님께서 한 개인의 인생 가운데 친히 찾아 오셔서 그 나라 꿈꾸게 하셨던, 저자의 인생 여정을 엿볼 수 있습니다. 그 여정은 인생의 굴곡이 역동적으로 담긴 대 반전(a great reversal)의 이야기입니다. 높은 곳에서 세련되고 영향력 있는 사역을 펼치는 꿈을 꾸던 그에게 어느 날 하나님의 길, 성령의 길, 하나님 나라의 길이 성큼 다가온 것입니다. 그 길은 당혹스러운 길이었습니다. 왜냐하면 세상의 길과 사뭇 다르기 때문입니다. 그러나 이 길은 우리 주님이 걸어가신 길이며, 저자가 깊이 안식할 수 있었던 길입니다. 이 책을 읽는 모든 이들에게 '그 길'의 여정 속에 숨겨진 완연한 봄을 경험하는 은혜가 있기를 바랍니다.

조준모

찬양 사역자, 한동대 국제어문학부 교수

그 나라의 봄
CONTENTS

©Noma Jongchul Kim

프롤로그

그 나라의 봄은
오는가?

봄.

그 풍경의 가벼움.

공기조차 진지한 사색을 방해하는 듯 하다.

그저 봄이라는 이유만으로

한없이 가벼운 이들이

한없이 들뜬 얼굴로

한없이 가벼운 파스텔 색조의 옷차림으로

한없이 의미없는 사진을 찍는

한없이 지루한 풍경이 연상된다.

2001년 어느 5월의 일기 중

지금보다 조금 더 파릇파릇 했었던 시절. 봄을 즐기는 인생들에게 샘이 나서 터무니없는 심술을 부리고 있었다. 봄이라는 계절은 나에게 그러했나 보다. 당시 나의 삶은 이뤄지지 않은 꿈으로 절망이 습관이던 시기였다. 봄이란 나에게만은 허락 되어지지 않는 그 무엇 같아서 잔뜩 성이 나 있었다.

"내가 염려했던 지난 날들과
영원히 계속 될 것만 같았던 추운 겨울은"

보다 젊었던 20대 초반 그저 푸르디 푸른, 앞날이 창창하던 날, 마치 예언처럼 이 노래를 지었다. 그때는 나의 인생에 겨울이 있을거라 상상 못 했다. 상상으로 인생의 겨울이 어쩌고 봄이 어쩌고 하는, 나름대로 잘 쓰여진 가사를 보며 혼자 만족하고 기특해하고 있었다. 그러나 이 노래가 예언처럼 나의 삶에 겨울을 불러온 것인지, 이내 적지 않은 기간 '영원히 계속 될 것만 같았던 추운 겨울'을 지냈다.

나를 비롯한 많은 젊음들이 '그리스도의 계절을 이 땅에 오게 하자'고 열정적으로 노래하며 기도하던 시절이 있었다. 그리스도의 계절, 봄. 그 하나님 나라의 도래 말이다. 그렇게 열심히 외쳤던 이들도 이제는 제법 나이가 들었고 '그건 그저 젊은 시절 한때의 일이었지요'라고 해도 그 누구도 뭐라고 하지 않을 지독한 현실을 마주했을 터이다. 실제로 그 나라를 꿈꾸고 품자고 앞장서서 외쳤댔던 이들조차 소리 없이 스러지는 모습을 적잖이 보아왔다. '무슨 하나님 나라를 꿈꾸고 노래하냐? 그 나라

의 봄은 원래 이 땅에는 없었어!'라는 자조 섞인 소리가 들리는
듯 하다.

나는 어느 날 갑자기 노래 한 곡으로 속칭 '잘 나가는 찬양
사역자'가 되어 버렸다. 찬양 사역자로서 별 볼일 없이 스러지
나 싶었던 삶에 '봄인가?' 싶은 시절이 찾아온 것이다. 그 찬란
한 시간이 6년이나 지난 지금, 나이 들어 효용가치(?)가 떨어지
는 시점이 올지도 모른다는 불안감에 이 땅에서의 하루를 그저
전전긍긍하며 산다. '우리 인생 가운데 친히 찾아오셔서 그 나
라 꿈꾸게 하시네'라 노래를 부른 나의 인생도 별 거 있겠는가
싶다.

그동안 우리가 외치고 바라던 하나님 나라는 어쩌면 우리의
욕망이 투영되어 만들어 낸 무엇은 아니었을까? 너무나 간절히

그 나라를 꿈꾸고 소망했지만 어쩌면 다른 종류의 하나님 나라를 바래 왔는지도 모른다.

성경에는 하나님 나라는 보이지 않게 임한다고 말씀하고 있다.(눅 17:20) 그 하나님 나라를 보고 누리고 살아낼 수 있는 방법은 회개하고, 거듭나고, 지극히 작아지고, 가난해지는 방법밖에는 없다고 하신다. 그런 자들만이 천국을 보고 들어가서 살 수 있다고 하셨다. 우리는 그동안 너무 멀리 와 있는지도 모른다. 다시 그 말씀을 믿고 붙잡는 시도가 필요한 시점이 아닌가 싶다.

풀은 마르고 꽃은 시드나 우리 하나님의 말씀은 영원히 서리라

하라 사 40:8

인생은 그렇다. 찬란한 봄 같은 시절도 가고, 우리는 풀과 꽃처럼 시들어 버리고 만다. 그러나 주님의 말씀은 영원하다. 그 약속의 말씀은 여전히 유효하여 하나님 나라는 임할 것이며, 우리를 그 나라의 봄으로 이끄실 것이다. 하나님께서 그렇게 약속하셨기 때문이다. 우리가 외쳤던 구호와 노래가 지금은 비록 예전만 못하고 사그라져 보일지라도 그분의 약속대로 그 나라의 봄은 반드시 올 것이다. 섦게도 바라고 부르짖던 우리가 따스한 봄의 위로를 받게 될 그날을 기다린다.

샬롬!

2014년 겨울

하 나 님 의   말 씀 은   영 원 히   서 리 라

PART 1

내 사랑으로
빚은 사람아

한 아이

주님, 제가 아들을 낳게 되면
그 아이가 피아노를 칠 수 있었으면 좋겠습니다

1

숫기 없는
작은 아이

어머니가 청년 시절 다니던 교회에 어느 날 지휘자 정명훈 씨가 방문해 피아노를 연주한 적이 있다고 한다. 그때 어머니는 그 모습을 보며 "주님, 제가 아들을 낳게 되면 그 아이가 피아노를 칠 수 있었으면 좋겠습니다"라고 기도를 드리셨다.

그 기도를 이루기 위해서였는지 어머니는 나를 피아노 학원에서 운영하는 유치원에 보내셨고 피아노를 배우게 하셨다. 나의 첫 피아노 선생님은 매우 재미있는 방법으로 피아노를 가르쳐 주셨던 덕에 나는 늘 피아노 앞에 앉아서 시간 가는 줄 몰랐다. 특히 선생님은 내가 연습이 지루하여 엉덩이를 들썩일 즈음이면 마법 연주곡인 「젓가락 행진곡」을 나와 같이 연주했고, 그렇게 연주를 하고 있으면 내가 마치 훌륭한 피아노 연주자가 된 것 같은 착각마저 들어 피아노 연주에 흠뻑 빠져들곤 했다.

초등학교 2학년 때, 열정 어린 피아노 선생님의 권유로 '어린이회관'에서 주관하는 피아노 콩쿠르에 나가서 특상을 받았다. 난 이 대회를 위해 얼마나 연습을 열심히 했는지 심지어는 방의 불을 끄고 눈을 가린 채 피아노를 칠 정도로 열심히 연습했던 기억이 있다.

그 이후 영세한 학원 운영으로 피아노 진도를 터무니없이 늦추는 등 학생을 잡아 놓으려는 얄팍한 상술에 난 질리기 시작했고 급기야 피아노에 흥미를 잃어 피아노 학원에 간다고 거짓말을 하고선 뒷산에서 개미를 잡고 놀다가 동네 아주머니께 들킨 적도 있었다. 그 이후 어머니도 더 이상 피아노 레슨을 강요하지 않으셨는데 아마도 그 정도면 교회에서 반주 정도는 할 수 있겠지 생각하셨는지도 모른다.

하지만 난 교회에서 피아노 반주를 할 만큼 숫기도 없었고 그럴 기회도 주어지지 않았다. 지금 와서 보면 어렸을 때 피아노 실력이 그리 대단치도 않았고, 탁월한 음악성을 가진 것은 아니었던 것 같은데 어머니는 나에 대한 기대가 크셨던 것 같다. 부모님 말씀에 의하면 내 사춘기는 비교적 조용하게 지나간 편이라고 한다. 중간 중간에 깜짝 놀라게 하는 사건들이 가끔 있었지만 말이다.

초등학교 6년 내내 우수한 성적과 반장을 도맡았던 내가 중학교에 입학하고 처음 본 시험에서 '엄청난 실력'을 보여준 덕분에 집안이 한번 발칵 뒤집혔다. 60명 중에 49등!

변명 같지만, 나는 늘 처음 시작하는 것에서 뒤쳐지거나 어설픈 모습을 보이곤 했다. 낯설고 새로운 것에 대한 유난한 두려움 때문이라고나 할까? 물론 어느 정도 적응이 되고 나면 궤도를 찾곤 했지만 그 전까지는 방황과 실수를 하게 된다. 그러다 보니 가장 예민할 사춘기 시절을 하위권의 성적으로 인하여 존재감없는 내성적인 아이로 조용한 시절을 보냈던 것 같다.

#2
예수님을
만나다

예수님을 인격적으로 영접한 것은 중학교 3학년이 되어서였다. 그 시절 내가 다니던 교회는 동네의 작은 개척 교회였다. 교회에서는 제일 인기 많고 예쁘고 멋진 아이들은 대부분 성가대원과 임원을 맡고 있었고 그들이 교회 중고등부 분위기를 주도했다.

나도 그들과 어울리고는 싶었지만 이미 형성된 그들만의 세계에 들어가기란 쉽지 않았다. 그러던 어느 날 새롭게 부임하신 전도사님은 '기도학교'라는 것을 만들어 성가대원들과 임원들을 데리고 수련회를 여셨다.

그들 중에는 인기는 많지만 말썽장이 선배 형님 둘이 있었는데 수련회가 끝나고 돌아온 그들의 모습은 정말 눈에 띌 정도로 달라져 있었다. 알고 보니 그들은 성령 세례라는 것도 받고, 방언도 받았다고 했다.

당시 우리 교회는 보수적인 장로교회였던지라 크게 소리를 내고 기도하는 모습을 본 적이 없었는데, 그들은 성령세례를 받고 오자 모이기만 하면 방언으로 기도하고 찬양을 드렸다. 난 그 모습이 너무나 신기하고 부러웠다.

중학교 3학년 겨울 방학이 되자 기도학교 2기가 열렸고, 나도 그 수련회에 참석했다. 그곳에서 성령 세례와 방언을 받은 이후, 교회에서 늘 조용하고 존재감이 미미한 학생이었던 나는 어느새 찬양을 인도하고 임원 활동을 하는 활발한 학생으로 바뀌게 되었다.

#3
주님을 찬양하는
사람으로

고등학생 때는 신앙을 가진 두세 명의 친구들과 방과 후 학교 주변의 개척 교회에 모여 몇 시간씩 찬양과 기도에 열중했다. 뜨거운 성령의 세례를 경험했던 우리들은 당시 또래들은 갖지 못하는 일종의 '하늘의 특명을 받은 사명자들'이라는 은밀한 특권 의식을 갖고 있었던 것 같다. 그때, 주변의 친구들은 우리를 보고 '광신자들'이라고 수군거렸을지도 모른다.

"주님 나라를 위해서 인생을 바칩니다. 주님 저를 써주세요!"

특별히 나는 그 기도와 더불어 "주님을 찬양하는 사람으로 살게 해주세요!"라고 단순하고 순수하게 기도했었다. 청년 시절 어머니의 기도 응답이었을까? 나는 누가 시키지도 않은 찬양 사역자가 되기를 간절히 소망하며 기도하고 있었다.

어려서부터 피아노를 연주해 왔지만 음악을 전문적으로 할 것이라 생각하지는 않았다. 찬양 사역자가 되겠다는 꿈은, 함께 기도하던 친구가 생일 선물이라며 준 찬양 테이프의 음악을 들으면서 시작된 것이다.

주찬양 선교단 1집 「그 이름」과 예수전도단의 「보라 하나
님은」 등은 당시 내가 즐겨 듣던 유재하, 어떤 날, 시인과 촌장
등 서정적이면서 세련된 음악들에 비하면 조금은 많이 어설픈
느낌이었지만 그 당시 찬양들은 나의 영과 마음에 깊은 감동
을 주었다. 이런 찬양 테이프를 들으며 나도 이런 노래를 부르
고 만드는 찬양 사역자가 되고 싶다는 꿈을 꾸게 되었다. 특별
히 주찬양 선교단*의 모든 음악을 만들었던 최덕신** 같은 사람
이 되고 싶었다.

어머니께서는 그런 나의 바람을 아시고 내게 음악을 공부하
도록 권해주셨고, 본격적으로 음악대학에 진학하기 위한 레슨
에 돌입했다. 처음엔 작곡과 입학을 목표로 공부를 시작했다.

개인 레슨을 맡으신 선생님은 매우 엄격하고 냉정한 여자분
이셨다. 어려서부터 누군가에게 엄한 교육을 받아 본 적이 없
던 나는 작곡 선생님과의 레슨 시간이 늘 괴롭고 힘겨웠다. 첫
날 첫 수업은 지금도 잊지를 못한다. '시창과 청음은 작곡가에

---

* 주찬양 선교단은 80년대 말에 창단되어 지금의 많은 찬양 사역자들, 심지어 가요계
  싱어송라이터들에게까지 많은 음악적 영향을 준 선교단체다.
** 최덕신은 「그 이름」, 「나」, 「예수 이름 높이세」, 「나를 받으옵소서」 등 주옥같은 노래들을
   작사 작곡한 한국의 대표적인 CCM 1세대 싱어송라이터이다.

게 필수다'라며 시작한 청음 수업. "어려서부터 피아노를 쳤다던 애가 절대 음감도 아니고, 그렇다고 상대 음감도 아닌 경우는 처음 봤다"는 잔소리로 수업을 시작했다.

　무엇보다 제일 견디기 힘들었던 부분은 도무지 이해되지 않는 현대 음악을 입시 곡으로 써야 한다는 사실이었다. 선생님이 제시하는 난해한 현대 화성과 선율의 모티브 두 마디를 오로지 눈으로만 보고 머리로 음을 상상해서 곡을 써야 했다. 나는 작곡을 할 때도 늘 피아노로 연주를 하면서 했는데 선생님은 피아노로 연주해서는 절대로 안 된다고 했다. 선생님은 작곡은 수학과 같다며 당시 대부분의 대학에서 요구하는 작곡법을 내게 강요했다. 또한 선생님은 늘 입버릇처럼 "네가 하고 싶은 음악(팝과 재즈)들은 굳이 대학에 가서 배울 수준의 것들이 아니야"라고 했고, 난 그런 말들이 매우 거슬렸다. 음악은 듣고 즐기며 자신의 감성을 자유롭게 표현하는 것이라 여기는 실용 음악적 사조를 지닌 나와 철저한 수학적, 이성적 사고를 바탕으로 치밀하게 구현해내는 것이라 여기는 현대 음악적 사조를 주장하시던 선생님의 대립은 만날 줄 모르는 평행선과 같았다. 내가 상상하고 기대했던 작곡이 아니었고, 레슨이 있던 날이면 늘 긴장이 되어 밥을 제대로 먹지 못할 지경이었다.

고2, 11월 그 날을 잊지 못한다. 수업을 시작한 지 1년이 다 되도록 한 번도 듣지 못했던 칭찬을 처음으로 들었던 날이다. 그동안 선생님이 지적하셨던 부분들을 보완하여 그럴싸한 (그래 봤자 누군가의 음악을 베낀 수준이었겠지만) 현대음악 곡을 써냈다. 선생님은 그 곡을 보고는 마음에 들어 하며 앞으로 이런 식으로 곡을 써오라고 했다. 하지만 난 이렇게 칭찬하는 선생님께 더 이상 작곡 공부는 하지 않겠다고 당돌하게 말했다. 늘 수업 내내 "너 굳이 음악을 해야겠니?"라며 자존심과 꿈을 뭉개버리시던 선생님을 향한 소심하고 유치한 복수였다. 선생님을 통해 '음악적 재능이 별로 없는 사람'이라는 사실을 매번 확인하는 것이 너무나 괴로웠다. 큰 기대와 의욕을 가지고 시작했던 작곡 수업은 일 년이 채 못 되어 그만두고 말았다.

그러나 예체능계로 정하고 공부한 까닭에 다시 인문계로 바꾸기에는 시기가 너무 늦은 상황이었다. 성악을 할 정도로 풍부한 목소리를 지니고 있지는 않았지만, 나름 노래 잘한다는 소리를 들었던 이유로 고민 끝에 성악과 입시를 준비했다. 무엇보다 '최덕신도 대학에서는 성악을 공부했다'라는 이유가 제일 컸다. 지금 돌아보아도 조금은 어처구니없는 이유지만 말이다.

#4
주찬양 선교단에서의
시작

　1990년, 서울의 모 신학대학 교회음악 성악과에 입학하게
되었다. 원하던 대학이 아니었던 터라 처음부터 재수를 염두에
두고 있었다. 그러던 즈음 우연히 자주 가던 한 기독교 서점에
서 '1990년 주찬양 선교단 신규 단원 모집' 포스터를 보게 되었
고 아무런 망설임 없이 선교단 오디션을 보았고 합격하였다. 대
학에 합격한 것보다 선교단원이 되었다는 사실이 더 기쁘고 흥
분되었다. 무엇보다 최덕신이라는 사람과 함께 동역할 수 있다
는 사실이 기뻤다.

　신입생이라면 기대할 대학 캠퍼스 생활에는 정작 관심이 없
었고, 오히려 정릉에 위치한 구석지고 습기 찬 지하의 자그마한
선교단 사무실에 가는 것이 더 기대되고 즐거웠다. 음악적, 영적
인 스승에게 직접 사사를 받는다는 생각으로 선교단 생활을 했
다. 선교단의 단장이던 최덕신 씨도 나의 열정과 재능을 알아보
시고 많은 관심과 격려를 해 주셨다. 해외 사역으로 자리를 오
래 비우는 경우에는 자신의 작업실을 기꺼이 오픈해 주기도 하

였다. 그의 작업실에는 지금까지 써왔던 노래 악보들이 책장에 빼곡히 꽂혀 있었다. 그 악보들을 분석을 해보고 때론 흉내를 내어 노래를 만들어 보곤 했다. 당시 사무실에는 구하기 어려웠던 고가의 악기들이 있었다. 특히 신시사이저(Synthesizer)를 직접 연주해 볼 수 있는 즐거움에 선교단 사무실을 자주 드나들었다. 명기라고 할 수 있는 Roland의 D-50, Korg의 M1, T2 등 심지어 지금은 너무 구하기 어렵다는 Fender의 일렉트릭 피아노까지 그저 구경하는 것만으로도 만족할 악기들을 직접 만져볼 수 있었으니, 내 발길이 학교가 아닌 작업실로 향하는 것은 너무 당연했다.

또한 국내에서는 구하기 힘들었던 해외 CCM 음반, 악보, 뮤직 비디오들이 있어서 원하는 단원들은 맘껏 듣고 연구할 수 있었다. 그 곳은 나에게 보물창고였다. 음악을 제대로 연구하고 배우며 누릴 수 있었던 곳은 학교가 아닌 선교단이었다.

#5

첫 사역

　　주찬양 선교단에서 3개월 동안 신입 단원 훈련을 마치고 바로 사역에 투입이 되었다. 첫 사역은 15일간의 전국 여름 전도 여행이다. '일어나라 빛을 발하라', 내가 처음 참여했던 주찬양의 정규 앨범 타이틀이자 그 해 전도여행의 주제였다. 그토록 동경하던 '주찬양 선교단'의 일원으로 사역을 시작한다는 사실에 긴장과 흥분이 되었다. 그러나 현실은 내가 상상하던 것과는 매우 달랐다.

　　전도여행이 시작되는 6월 중순은 초여름 덥고 습한 날씨였다. 당시 교회에는 제대로 된 음향 장비가 없어서 모든 장비와 악기들을 차에 싣고 다녔다. 엄청난 무게의 기재들을 단원인 우리가 직접 설치해야 했다. 특히나 남자 단원들은 그 모든 일을 도맡아서 해야만 했다. 우아하게 노래 부르는 선배들의 모습만 봤지만, 직접 악기들을 나르고 설치해야 한다는 것은 미처 생각도 못한 일이었다. 모든 기재를 세팅하고 나면 온 몸은 땀에 젖고 기진맥진한 상태가 되기 일쑤였다. 무대에 올라도 상황은 쉽지 않았다. 냉방시설이 제대로 없는데다가 마이크 하나에 두세 명이 달라붙어 노래를 해야 했다. 더위에 유독 약한 나에게는 그 자체가 고역이었다. 15일 내내 지역을 옮겨 다녔다. 하루에 집회가 세 번인 적도 있었다. 아침엔 근처 군부대에서 낮에는 미션 스쿨에서 그리고 저녁에는 지역의 교회, 그리고는 집회했던 교회의 교육관이나 성도의 집을 숙소로 삼아 머물렀다. 30여 명이었던 단원들이 씻으려면 늦은 새벽이 되서야 차례가 돌아왔다. 가끔 에어컨이 나오는 모텔이나 여관에서 보내게 될 때에는 그야말로 천국이 따로 없었다. 하루를 마무리하는 시간에는 모두들 모여 앉아 그 날을 돌아보며 교제하며 기도를 해야 했다. '오늘 누구누구 때문에 상처를 받았었는데……'로 시작하는 이야기들은 새벽 3시나 되어 끝나기 일쑤였다. 혈기왕성한 2, 30대 젊음들이 단체 생활을 하며 겪게 되는 오해와 상처들이 대부분이었다. 이렇게 잠이 모자란 상태로 아침 일찍 일어나 다음 지역으로 이동해야 했다.

무엇보다 나를 힘들게 했던 건 남자 선배들의 잔소리였다. "김도현이 단디 못하겠나? 저래 약해가지고 어디 써먹겠어?" 무거운 것을 들어 본 적이 없던 내가 땀을 뻘뻘 흘리며 짐을 나르니 그 모습을 보며 호랑이 교관 같던 부산 출신 총무님이 하셨던 잔소리였다. '단디(제대로)'라는 사투리의 의미를 몰라 처음

엔 무척 당황했던 기억이 난다. "김도현이! 내가 강하게 키워주
겠어." 하얀 얼굴에 유난히 유약해 보이던 내게 남자 선배들이
툭하면 던졌던 말이다. 남자들이 모이면 발동되는 허세 가득한
수컷들의 서열 정리라고나 할까? 한 가지 재미있는 사실은 나를
군대에 보내서라도 남자답고 강인하게 키워야 된다고 잔소리를
해댔던 선배들 대부분이 방위 출신이거나 군 면제를 받은 사람
들이라는 것이다.

그렇게 힘겨운 15일간의 여름 전도여행을 마치고 나면 무언
가 해냈다는 충일감 때문인지 마지막 집회에서는 다들 감격의
눈물을 흘렸다.

#6
회복

누군가 나에게 'CCM의 황금기'에 활동을 시작했다고 말했
다. 주찬양 선교단 단원이라는 사실만으로도 영향력 있는 선배
찬양 사역자들을 쉽게 만나고 동역할 수 있는 기회들이 많았
다. 많은 찬양 선교단체들과 사역자들이 활동하는 시기였고 새

롭게 세워지던 때였다. 주찬양 선교단을 비롯하여 찬양하는 사
람들, 옹기장이 선교단, 컨티넨탈 싱어즈, 임마누엘 선교단 등
합창형식의 음악 색깔을 가진 팀들, 다드림이나 경배와 찬양과
같은 회중 예배를 인도하는 찬양팀, 그리고 최인혁, 박종호, 송
정미 등 실력 있는 솔로 사역자들이 왕성하게 활동하던 시기
였다.

　1990년 부활절 청년 연합 예배는 지금도 기억이 생생하다.
당시 영향력 있는 수십 명의 찬양 사역자들과 선교단 등 교계의
대표적 단체들이 장충 체육관에 모여 최덕신의 부활절 칸타타
「증인들의 고백」을 연주했다. 비록 나는 수십 명으로 구성된 합
창단의 일원이었지만, 이름만 들어도 가슴 설레던 선배 사역자
들과 한 무대에 설 수 있었다는 사실 하나만으로 충분히 기억에
남을 일이었다.

　이날, 솔로를 맡으셨던 박종호 씨가 급작스러운 일로 참석하
지 못하자 성악을 전공했다는 이유로 내가 그 분의 파트를 대신
부르게 된 잊지 못할 사건이 있었다. 몇 소절 안 되는 파트였지
만 대단한 선배들 앞에서 솔로로 부른다는 사실에 내심 우쭐거
렸던 기억이 난다.(당시에 함께 합창단원으로 섰던 분들 중 대다수의 사람
들이 시간이 지나서 찬양 사역자로 활동하고 있다.)

사역 선배 중 정미 누나*는 앨범이 발표되기 전 부터 모 기독교 방송국이 주최하는 경연대회에서 대상을 수상한 바 있어 많은 주목을 받고 있었다. 누나가 작사 작곡한 「축복송」 이라는 노래는 이미 많은 교회에서 애창하는 노래였다. 대회 이후 그녀는 1집 앨범을 준비한다며 최덕신 단장의 작업실에 자주 드나들곤 했다. 음반 프로듀싱 분야에 관심이 있던 나는, 음반 제작 회의가 있는 날이면 작업실 주변을 어슬렁거리며 새로 만들어지는 곡들을 어깨너머로 들을 수 있었고 가끔 방에 몰래 들어가 악보들이며 아이디어를 적은 메모들을 살펴보기도 했었다.

당시 나는 다니던 학교를 그만둘 생각을 하고 있던 때였는데, 정미누나는 늘 "너 학교 그만 두면 엄청나게 후회 할 거야. 그냥 열심히 공부하고 나중에 활동해도 되니까 너무 급하게 굴지 말아라"라며 충고를 해주곤 했다. 난 그 말들이 잔소리처럼 들려지기는커녕 '이런 대단한 사람이 나 같은 어린 친구에게도 관심을 가지고 있구나' 하며 뿌듯해했었다.

명식 형**은 광화문에 위치한 주찬양 선교단 사무실에 붙어 있는 자그마한 방에서 살고 있었다. 제주도가 고향인 그는 유난

---

* 찬양 사역자 송정미.
**찬양 사역자 김명식.

히 감수성이 풍부했다. 그의 작은 방에서 자신이 계획하고 있는 솔로 앨범에 대한 생각들을 나누었다. 나도 작곡자로서 데뷔할 수 있는 좋은 기회다 싶어 그동안 써놓은 습작곡을 들려주곤 했었다. 후에 명식형 2집 앨범 「꿈」에 멜로디만 써놓았던 습작곡을 수록하게 되는데, 그것이 「그 크신 사랑 인하여」라는 노래다.

그렇게 선교단 활동을 하던 스물한 살, 작곡가로서 검증되지 않은 나의 노래 「예수」가 주찬양 선교단 8번째 정규 앨범인 「호산나, 이 땅을 고치소서」에 수록되었다. 그 노래는 당시 많은 영향을 받았던 마이클 카드*와 아드리안 스넬**의 음악들의 느낌이 많이 묻어있다.

빌립보서 2장 6절의 말씀,

'그는 근본 하나님의 본체시나 하나님과 동등됨을 취하지 않으사……'로 시작하는 서사적인 「예수」라는 곡은 마이너 선율의 다소 복잡한 구조를 지닌 노래였다.

왜 그렇게 어렵고 난해하고 복잡한 선율을 구사하려 했었는지 모르겠지만, 아마 나의 음악적 미성숙함을 들키고 싶지 않은

---

* Michael Card. 미국의 가장 영향력있는 싱어송라이터, 작가, 성경 교사다. 그는 대학에서 구약학을 전문적으로 전공한 탓에 그의 작품에는 구약의 말씀들을 소재로 한 노래들이 많이 있다.

** Adrian Snell. 영국과 네델란드에서 활동하는 싱어송라이터로 국내에는 그리 알려지지 않은 아티스트이다. 홀로코스트를 방문한 이후의 받은 감흥으로 만든 앨범 「Song Of Exile」과 「Father」라는 앨범은 당시 나에게 음악적으로 많은 영향을 주었던 앨범이다.

일종의 허세였는지 모른다. 하지만 훗날 시인과 촌장의 하덕규[*] 씨가 내 곡을 듣고는 "이 친구 뭔가 특별난데?"라며 나를 만나고 싶어 했다고 한다. 그 정도 평가라면 반은 성공한 노래이지 않나 생각이 들었다.

1994년에는 찬양의 동료 사역자들과 기획하여 만든 주찬양 10집 「회복」을 발표했다. 부모님의 신용카드로 구입하여 난생처음 소유하게 된 KORG사의 최신 신시사이저 O1/W를 사용하여 편곡을 했다. 컴퓨터를 사용한 프로그래밍이 익숙지 않던 시절이라 신시사이저에 장착된 시퀀싱 기능만을 사용하여 앨범 전곡을 편곡하고 연주하였다. 돌이켜 보면 대단한 노력과 노동의 결과물들이었다. 아직 크리스천 음악계에서는 컴퓨터 프로그래밍을 사용한 음악이 제대로 시도되지 않던 시절이라 나의 작업은 상당히 고무적이었고 서툴고 어설펐지만 혁명적인 스타일의 음악과 메시지를 담았다는 평을 들었다.[**]

회복 앨범의 수록곡 중 「로뎀나무」는 선지자 엘리야가 이세벨의 협박으로 두려움에 떨며 로뎀나무 아래에서 죽기만을 기

---

[*] 아름다운 노래 「가시나무」, 「사랑일기」, 「한계령」등의 작사·작곡가. 하덕규 형님의 시적인 노랫말과 아름다운 멜로디는 나를 포함한 많은 싱어송라이터들(김현철, 유희열, 루시드 폴등)에게 많은 영향을 주었다. 개인적으로는 가장 많이 닮고 싶은 뮤지션이기도 하다.

[**] 이미 가요계에서는 듀스, 서태지와 아이들과 같은 이들이 최신의 컴퓨터와 샘플 사운드를 구현하고 있던 시절이었다.

다리던 풍경을 가사로 썼다. 선율은 역시나 비장하고 부르기 난
해한 단조로 만들었다.

난 하룻길을 걸어서
로뎀나무 그늘에 앉았네
난 하룻길을 걸어서
로뎀나무 그늘에 누웠네
그 날 그 언덕 승리의 기쁨이
더 이상 내겐… 흠…

죽음이 그늘 내게 다가와
내 귀에 속삭이며 하는 말
어둠의 그늘 내게 다가와
내 귀에 속삭이며 하는 말
더 이상 네겐 승리 없다고
더 이상 네겐…
흠… 오 하나님!

- 주찬양 10집 「로뎀나무」

엘리야의 비관적인 상황만으로 끝을 낸 이 노래는 모든 것
이 혈기왕성했던 나의 20대의 초반을 그린 노래였다. 사역자라
고 하기에는 많은 부분이 부족하고 한없이 어리기만 하던 그
때. 그럼에도 음악적 재능 때문에 찬양 사역자라고 불리기 시작
하던 때. 지금 생각해보면 하나님께서 작은 나 하나를 세우시기
위해 귀한 만남들과 기회들을 주셨다는 것을 분명히 느낀다.

> 여호와께서 너희를 기뻐하시고 너희를 택하심은
> 너희가 다른 민족보다 수효가 많기 때문이 아니니라
> 너희는 오히려 모든 민족 중에 가장 적으니라
> 여호와께서 다만 너희를 사랑하심으로 말미암아,
> 또는 너희의 조상들에게 하신 맹세를 지키려 하심으로 말미암아
> 자기의 권능의 손으로 너희를 인도하여 내시되
>
> 신 7:7-8

　자격이 있어서 택하고 세우시지 않고 오직 나를 사랑하기로
작정하신 그 분의 결심과 약속 때문에 그 모든 것을 허락하셨다
는 것을 알고 나니 '내가 탁월하고 쓸만한 재능이 있어 쓰임 받
는 것이겠지' 했던 미성숙한 지난날이 한없이 부끄러워진다.

#7

일탈

늘 일탈을 꿈꾸었다. 선교단에서 찬양 사역자로 훈련을 받으면서도 늘 마음 한구석에는 나도 알지 못하는 아련한 무언가를 그리워하곤 했다. 거창하게 말하자면 예술가들이 갖는다는 '선병질적 우울증'이라고나 할까? 선교단에서는 늘 나의 자아를 부인하고 자신의 내재적 재능(음악적 재능을 포함한 모든 예술적 감수성)은 모두 십자가에 못 박아야 한다고 배웠다. 중년의 나이가 되었음에도 여전히 퍼렇게 살아 들끓는 자아를 주체 못 하는데, 한창 자신의 자아를 발견하여 그것을 발현시키는 것에 혈안이 된 20대 초반의 청춘에게 그것은 너무나 어려운 과제였다. 게다가 성령님의 인도하심을 피상적으로만 알고 있던 당시에는 더더욱 힘들었다.

'온실의 화초' 같은 기질 탓에 할 수 있었던 일탈이라고 해봤자 예술의 전당 지하 영상자료원에서 영화를 보는 정도였지만 말이다. 당시 국내에서 상영 금지된 작품들 혹은 작가주의 영화들 중에 반사회적, 반기독교적 작품들을 본다는 것, 그리고 학교에 간다고 나와 그곳에서 하루 종일 시간을 보낸다는 것 자체가 왠지 금지된 영역에 발을 내딛는 느낌이 들었다.

당시에 봤던 영화들은 왜 그렇게 황량한 풍경들이 많았던지……. 테오 앙겔로포스(Theodoros Angelopoulos)감독의 「안개 속의 풍경」이라는 영화는 너무나 충격적이었다. 비극적이고 충격적인 장면들을 관조하듯 담담히, 멀리서, 긴 호흡으로 찍은 장면들과 느릿느릿 우울한 선율의 엘레니 카라인드로우(Eleni Karaindrou)의 음악. 지금은 너무나 유명한 뤽 베송(Luc Besson) 감독의 3시간짜리 영화 「그랑브루」. 주인공이 검고 깊은 바다 속으로 빨려 들어가듯 잠수하는 장면에서 흘러나오던 에릭 세라(Eric Serra)의 미니멀한 전자 음악. 그래도 그때 열심히 섭렵했던 영화와 음악들은 후에 나의 음악 여기저기에 알게 모르게 녹아져 있을 것이다.

#8
해체

20대 초반의 대부분을 차지하며 많은 것을 경험하고 배울 수 있었던 주찬양 선교단은 1996년 내부의 불미스러운 일들로 돌연 해체가 되었다. 당시 나는 막 군대를 제대한 때였고 20대

중, 후반 내지 30대인 40여명의 단원들은 젊은 시절의 대부분을 보냈던 선교단의 해체로 인해 한동안 충격에서 헤어나오지를 못했다.

뜨겁게 몰두했던 삶의 근거가 사라지고 나니, 마치 좋은 꿈을 꾸다 덜 깬 사람마냥(허망한 얼굴로) 선교단 사무실이 있던 광화문 거리를 하릴없이 배회하거나 선교단 동료들과 일부러 약속을 잡아 심적인 허기라도 채우곤 했다. 학교는 더 이상 다니고 싶은 마음이 없어 자진 제적 처리를 했다. 이렇게 방황을 하느니 하고 싶은 음악이나 본격적으로 배워보자는 맘으로 미국 유학*을 시도 했지만 그 일도 제대로 진행되지 않았다.

그러던 중, 군 복무 시 만들었던 「봄」(김명식 1집 「영원한 사귐」에 수록)이라는 노래가 좋은 반응을 얻게 되고 그 덕에 서서히 작곡, 편곡자로서 본격적인 찬양 사역을 시작 할 수 있게 되었다.

「송명희와 함께하는 시 23편」**은 처음으로 메인 프로듀싱

---

* 보스톤에 위치한 버클리 음대(Berklee College of Music) 필름 스코어링(Film Scoring)에 지원했었다. 호기롭게 지원을 했지만 추천서를 써 주시기로 한 분이 이사 때문에 서류를 잊어버려 보내지 않은 어처구니없는 이유로 입학을 거절당했었다. 괜히 나의 음악적 능력까지 평가 받았다는 괜한 기분이 들어 포기하고 말았다. 그 비슷한 시기 주변의 동료들 중 그 대학에 지원을 시도했던 사람들이 몇몇 있었다. 결국 입성에 성공하여 좋은 결과를 맺은 사람은 재즈 피아니스트 송영주밖에 없다.
** 1997년에 발매된 앨범으로 대표곡으로는 「푸른 초장」이 있다.

을 맡은 앨범이었다. 나에게 프로듀싱을 의뢰했던 분은 기획사 Look Music의 이성국 대표였다. 그분은 당시 많은 젊은 아티스트들을 발굴하고 다양한 장르의 CCM 앨범을 제작하셨다. Look Music은 임마누엘 선교단에서 출발한 선교단체로 많은 실험적 사운드의 앨범들을 기획 제작했다. 'Look Music 페스티벌'이라는 이름의 대회를 만들어 많은 신인 아티스트들을 발굴하기도 했었다. 그 대회 1회 대상자가 오늘날 대표적 발라드 가수 김연우(당시 가명 김학철)였고, 당시 그 기획사의 앨범들을 편곡했던 사람 중에는 (최)하림도 있던 그런 시절이었다.

주옥같은 찬송시들을 쓴 송명희 자매가 시편 23편의 단어들로 시를 만들었고, 그녀의 시에 주찬양 선교단 시절 동료였던 강명식과 박성준 그리고 내가 노래를 만들어 불렀다. 당시 크리스천 음악계에서는 시도하지 않았던 R&B, Pop, Hiphop 스타일의 음악들을 만들었다. 클래식컬한 요소의 노래가 대부분이던 당시의 상황에서 시도 자체가 파격적이라 여겨졌다. 발매 당시 매우 폭발적인 반응을 얻었고 주변의 선배 사역자들에게 주목을 받기 시작했다. 몇몇 가요 관계자들도 나의 음악을 듣고 관심을 갖고 있다는 소문을 들었다. 그 앨범 이후 크리스천 음악 앨범의 프로듀서, 작, 편곡자로서 본격적인 일을 하기 시작했고,

그 시기에 발매된 대부분의 크리스천 음악 앨범에서 내 이름 석
자를 발견하기는 어렵지 않은 일이었다.

본격적으로 음악 활동을 하던 90년대 중 후반, CCM 시장
은 상업적으로 커지고 있던 시기였다. 최덕신, 박종호, 송정미,
소리엘, 좋은 씨앗, 김명식 등 클래식컬한 음악을 바탕으로한
CCM 1 세대들이 더욱 활발하게 자리를 잡고 활동을 했고, 얼터,
이은구, 천민찬 밴드, 아가파오 등 이전에는 시도되지 않던 록과
힙합 스타일의 음악들을 구사하는 팀들이 나오던 시기였다. 적
지 않은 자본이 투자되기 시작했고 높은 판매량의 앨범들도 나
왔다. 미국 내쉬빌에서* 녹음하는 앨범들도 적잖았다. 당시 내쉬
빌은 우리가 구사해내지 못하는 사운드와 연주의 한계를 뛰어
넘을 수 있는 음악의 유토피아 같은 곳이었다. 음악적으로도 수
준 높은 앨범들이 나오기 시작했고 CCM의 최대 전성기를 맞이
했다.

대부분의 찬양 사역자들은 젊은 시절, 하나님 나라를 위해서
그분의 이름을 높이는 일에 자신과 가정을 헌신한 사람들이었
다. 앞날이 보장되지 않을 이 일을 위해서, 어떠한 대가를 기대

---

* 미국의 컨트리 음악의 본고장이자, 미국 내 CCM 아티스트들이 그곳 출신이거나 근거지로
  활동을 하고 있는 곳이다.

하지 않고 오로지 그 분이 채워주심을 기대하고 그렇게 삶을 내어 던진 사람들이다.

그러나 어느 순간부터 상업적 논리들이 당연한 듯 자리잡기 시작했고 그에 맞춰 크고 작은 CCM 기획사들도 생겼다. 이전의 기획사들은 일종의 공동체적인 성격이 강했다면 그 당시에 생기는 기획사들은 그 태생부터가 상업적이었다. 상업적으로 아티스트들과 계약을 맺고 상업적인 판단으로 음반을 기획하였다.

전문적으로 앨범을 기획하고 유통하기 시작했다. 신앙을 가진 몇몇 사업가들이 기독 음반 시장에 적지 않은 돈을 투자하고 기획사를 만들었고, 철저하게 상업적인 목적만으로 만든 앨범들로 몇몇 기획사들은 크게 성공하는 일들도 생겼다. 그러한 풍요로운 상황은 꿈 많고 재능 많다고 자부하던 나에게는 큰 기회였다. '이제 나의 세계가 열리는구나!' 본격적으로 내 이름을 알리고 가치를 높이는 일에 참여하고 싶었다. 주님 나라를 위하여, 더 높은 곳으로, 더 넓은 곳으로, 기왕이면 더 화려하게!

기독교의 진리가 전달되는 가장 효과적인 방법은 탁월한 감각과 재능으로 세상이 놀랄만한 업적을 이루고 나서 한마디만 하면 된다. "이 모든 영광을 하나님께!" 이는 당시에 내가 가지고 있던 효과적 문화선교에 대한 어쭙잖은 생각이었다. 그러나 내가 '닮고자, 따르고자 한다'며 노래한 예수님은 내가 추구하던 것과는 전혀 다른 길을 가셨다는 것을 몰랐다.

> 너희 중에 누구든지 으뜸이 되고자 하는 자는
> 너희의 종이 되어야 하리라
> 인자가 온 것은 섬김을 받으려 함이 아니라
> 도리어 섬기려 하고
> 자기 목숨을 많은 사람의 대속물로 주려 함이니라
>
> 마 20:27-28

예수님은 섬기려고 이 땅에 오셨다는데, 난 '어떻게 하면 더 큰 영향력을 얻게 될까?'에 온 삶을 쏟고 있었다. 내가 영향력을 가질 수 있는 일이라면 무엇이든 하고 싶다는 욕망으로 들끓고 있었다. 내가 갖고 있던 가장 큰 불만 중 하나는 갖은 이유를 대며 지불하지 않거나 터무니없이 싼 값으로 책정되었던 작업비였다. 많은 기독 음반에 편곡, 작곡자로 참여 했지만 나의 음악 실력과 가치에 상응하는 대가를 받지 못한다는 불만이 있었다.

여러 가지 구조적 결함에 의하여 생긴 일이긴 하였지만, 어찌 되었든 그것은 서로에게 깊은 원망과 상처, 불신을 주게 되었다. 하나님께서 주신 재능과 물질을 자신의 것인 양 생각하는 데서 기인한 것이었다. 많은 것들을 이미 부어주셨지만 철저하게 인간적이고 상업적인 논리를 적용하고 있었다. 자신의 것을 축적하려는 마음, 누구도 손해 보지 않으려는 마음.

'아무도 나를 무시하지 못하도록 저 높은 곳으로 올라가자!' 욕심과 욕망이 가득한 시기였다. 어느 순간엔가 찬양 사역자로 헌신했던 마음은 이미 저 멀리 던져 버렸다. '사역자가 아닌 유명하고 탁월한 아티스트, 뮤지션이 되리라!' 내 안 가득 품은 욕망이 소리를 쳐댔던 것일까? 평소에 내가 좋아하던, 가요계에서 가장 영향력 있다는 가수 겸 프로듀서가 한 라디오 프로에서 나의 노래를 듣고 함께 일하고 싶다며 직접 전화를 걸어왔다. '드디어 나의 음악적 재능을 세상도 알아봐 주는구나.'

나에게는 그것이 '복음'이었다. '서로 아옹다옹하는 이 좁은 교회 음악 울타리를 넘어서서, 더 크고 넓은 곳으로 나가리라. 당신네들이 그저 동경만 하는 그곳에 가서 보란 듯이 성공하리라. 어설픈 음악으로 드리는 예배가 아닌 완성도 높은 음악으로 하나님께 영광을 돌리겠노라.' 내 상처투성이 어그러진 자아는 나의 그러한 결심을 하나님께서 너무나 기뻐하실 거라 여겼다.

바람 가득 넣은 풍선을 언제 터질지 몰라 불안해하며 떠안고 있
는 아이처럼 혼란스러운 시절이기도 했다.

©Dohyun Kim

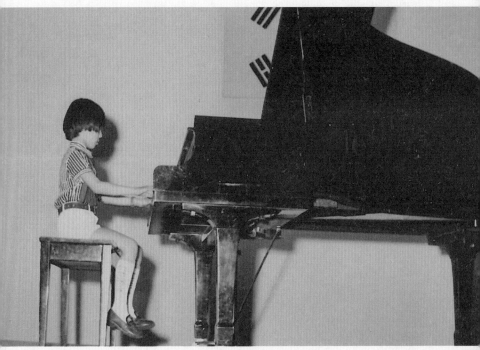

초등학교 3학년 시절 어린이 회관에서
주최하는 피아노 경연 대회 출전했던 내 모습.
지금 사진을 보니 피아노 페달에 발이 닿지 않고 있었구나….
저 때까지만 해도 참 열심히 피아노를 쳤던 기억이다.
저 날 이후 나의 피아노에 대한 흥미는 한동안 사라졌었다.

내가 염려했던
추운 겨울은

세상을 향하여 욕망하고 열정을 냈던
그 시간들은 나에게 겨울이었다.

1
달팽이 껍질 속으로
숨다

    세상으로 나아간 내 걸음은 생각과는 달리 순탄하지 못했다. 음악이 돈 되는 상품이 되어야 하고 남들보다 뛰어나거나 독특해야 살아남는 그 세계에서 나의 음악은 상업적 매력이 전혀 없는, 그렇다고 기가 막히게 독특하거나 탁월하지도 못한, 별 특징 없는 음악이라는 평을 들었다.

    난 말씀을 기준으로 삶의 틀을 정하기보다는 세상의 틀과 가치관에 나의 삶을 맞추려고 노력했었다. 이것이 타협이 아닌 선교를 위한 유연함이라고 생각했고, 타락이 아닌 삶을 이해하기 위한 낮아짐이라고 믿었었다.

    다니엘은 뜻을 정하여 왕의 음식과

    그가 마시는 포도주로 자기를 더럽히지 아니하리라 하고

    단 1:8

    나는 화려한 바벨론의 진수성찬을 먹고 마시고 싶어서 안달이 나있었다. 내 안의 깊은 욕망은 어떻게 해서든 세상에서, 바벨론의 그 화려한 틀에서 인정받고 싶었다. 그러면 그럴수록 나는 변방을 하릴없이 떠도는, 그저 생존해 있는 것만으로 만족해야 하는 그런 형편없는 사람이 되고 있었다.

모든 음악적 영감이 다 사라져 버린 것 같은 느낌마저 들었다. '아무런 마음의 준비가 되어있지 않은 상태에서 그저 나의 감각과 틀을 가지고 나가면 세상이 나를 반겨 줄거라 믿었던가? 주님이 주신 기회인데 왜 이렇게 나는 무기력하게 저들 틈에 깊이 들어가지도 그렇다고 나가지도 못하는 그런 사람이 되어버렸을까?'

세상은 파이터들의 격전장이었다. 평정심을 잃어버린 파이터는 상대방의 대단치도 않은 몸짓에 과도한 힘을 주다가 지쳐 나가떨어지게 된다. '어서 빨리 내가 원하는 어떠한 지점에 이르러야 한다'는 과도한 조바심은 오히려 방해가 되었다. 실력이 부족했는지 아니면 주님께서 나를 막으시는 건지. 그 이유를 제대로 알지 못한 채 4년이라는 적지 않은 시간을 보냈다. 어려서 함께 사역을 시작했던 동료들은 서서히 그들의 음악과 삶을 통해서 무엇인가를 이루어 나가는 시기였고, 내게는 조바심, 열등감만이 가득했다.

달팽이가 껍질 속으로 여린 속살을 감추듯 나는 세상과 사람들의 시선이 두려워 숨죽이며 지냈다. 그러한 내 상황이 수치스러웠고 이런 지경으로 일부러 몰아넣으신 것 같은 하나님이 한없이 원망스러웠다.

이때, 국내의 가요와 CCM의 음악적 스타일과 시장 상황은 변화의 물결이 몰아치고 있었다. 대중은 더 자극적인 사운드를 원하고 있었고 많은 자본을 투자하여 더욱 화려하게 자신들의 음악을 알리기 시작했다. 편곡자들도 거기에 맞춰 강하고 자극적인 사운드를 구사하기에 여념이 없었다. 베이스 음량이 강조를 이루는 강한 사운드가 주조를 이루고 있었고, 화려한 샘플 사운드와 현란한 프로그래밍으로 편곡의 역할이 이전보다 훨씬 강조되던 시기였다. 감각이 빠르고 뛰어난 젊은 후배 편곡자들은 대중이 요구하는 사운드를 거뜬히 만들어 내고 있었다. 내가 들어도 너무나 뛰어난 음악들을 만들어 내는 그들을 보며 더욱 구석으로 몰리는 느낌이 들었다. 낡은 컴퓨터와 트렌드가 훨씬 지난 악기들을 가지고 있던 나는 점점 퇴물이 되가는 느낌이 들었다. 새로운 기재들을 구비할 여력도 없었지만, 무엇보다 자존감이 낮아질 대로 낮아진 나는 무엇을 해야 할지 방향성을 잃어버린 지 오래였다.

세상이 나를 소외 시키는 듯 했다. 그나마 나의 주된 일이었던 CCM 앨범의 편곡 일도 서서히 끊어지기 시작했고 나에 대한 소문들이 돌고 있다는 사실도 알게 되었다. '요즘 김도현 음악이 별 볼일 없다더라. 저러니 가요계에 나가서도 별 볼일 없지 않겠는가?' 그 수군거림은 나를 더욱 주눅 들게 했다.

그때는 이상하게 목소리조차 제대로 나오지 않던 시절이었다. 그나마 뮤지션으로서 생계를 유지했던 방편이 코러스 편곡과 세션이었는데 혼자서 같은 파트의 음을 여러 번 녹음해 풍성한 화음을 만들어내는 것이 나의 특기였다.(그러려면 음색을 최대한 빼고 호흡을 많이 사용하여 소리를 내야 한다.) 덕분에 적지 않은 앨범에서 코러스 세션으로 활동을 했지만 부작용은 목소리의 성량과 호흡이 이전에 비해 얇고 짧아졌다는 것이다. 영적으로, 심적으로 무언가 눌림이 있어서 그랬는지 아무리 소리를 크게 내고 싶어도 소리가 나오지 않았다. 성악을 전공했던 사람이라고 믿기지 않을 정도였다.

조준모 1집 앨범에서 「주는 내 안에」라는 노래에 피처링을 했었는데, 지금 들어봐도 불안한 음정과 호흡이 느껴진다.(궁금하신 분들은 지금의 목소리와 한번 비교 해 보시길.) 「성령이 오셨네」 이후에 갑자기 목소리에 힘이 들어가는 것을 보며 주변의 많은 이들이 놀라워했다는 후문이 들린다. 역시 사람은 영적인 존재이다.

#2
방황

내 일탈의 시절에 나온 나의 노래들은 대부분 우울하고 슬펐
다. 스스로도 어쩌지 못하는 삶의 굴레를 벗어나고자 하는 몸부
림. 누군가 나의 삶을 이해하고 품어 줄 절대적 존재를 찾아 떠
나는 방랑같은 노래들이었다.

그 존재가 하나님이시라는 것을 이미 알고 있음에도 애써 그
것을 무시하고 이 땅에서 그 존재를 찾아내려고 했던 것 같다.
내 여전한 욕망을 지닌 채 하나님께로 향하는 것은 불가능하다
는 것을 알고 있었기에 그런 방황을 한 것이다.

너의 지내온 회색 빛

우울한 나날 사이로

피곤에 지쳐 기댈 곳 찾던

내 사랑으로 빚은 사람아

너의 지내온 어두운
굴 속 같은 나날도
이제는 모두 잊어버리렴
내 사랑으로 빚은 사람아

새벽녘 서러운 가슴
쓸어안으며
참 많이도 아파했었지
참 많이도 힘겨웠었지

곤한 머리 내 어깨 기대어
편히 쉬렴 내 사랑아
너의 그 모습
있는 그대로
내게 오렴 내 사랑아
내 사랑으로 빚은

- 김도현 1집 「내 사랑으로 빚은」

수고하고 무거운 짐 진 자들아

다 내게로 오라 내가 너희를 쉬게 하리라

마 11:28

하나님을 벗어난 삶은 수고롭고 무겁다. 그래서 많은 이들이 예수님의 평안을 그리워하고 그분의 품에서 쉬기를 원한다.(예수 님께서는 인생의 수고로움과 무거움, 처절함을 아셨다.) 그러나 정작 가장 그 쉼의 방법을 알고 있을 거라 여겨지는 기독교로 상징된 모든 틀들은 한계와 모순이 많아 보였다. 게다가 '기독교 예술'이라 는 미명 하에 만들어지는 모든 형태의 결과물들은 수준 미달 또 는 기존 세상 것들의 어설픈 복제품들이 대부분이었다.

그에 비해 예수님은 선지자들의 입을 통하여 하신 하나님 의 말씀들을 당신의 삶을 통하여 탁월하게 '예술적으로' 구현해 내셨다. 기존의 틀을 유지하는데 급급했던 바리새인들과 권력 가들을 뛰어 넘으셨고, 진보적인 열심당원들의 열정을 뛰어 넘 어 극도의 절제미와 때론 찬란하고 세상이 놀라 뒤집어지는 예 술을 하셨다. 귀신을 내어 쫓고, 병을 고치시고 세리와 죄인들 을 불러 모아 먹고 즐기고, 고리타분하고 이해 불가하다 여겨지 던 말씀들을 창조적 언어와 비유들로 풀어주셨다. 그 모든 것이

예술이었다. 무엇보다 십자가에 달려 죽으시고 3일 만에 부활하
신 그 일은 이 세상 누구도 절대로 구현하지 못하는 '지상 최대
의 우주적 퍼포먼스'다. 그분의 모든 삶에 온 우주가 집중을 하
였고 움직였다.

나는 마음이 온유하고 겸손하니 나의 멍에를 메고 내게 배우라
그리하면 너희 마음이 쉼을 얻으리니
이는 내 멍에는 쉽고 내 짐은 가벼움이라 하시니라

마 11:29-30

예수님은 자신에게 배우라고 하셨다. 일부 계층들만 향유
하는 그런 난해한 예술이 아니라 쉽고 가벼운 예술을 해라. 내
게 배우고 배운대로 살아라, 그리고 그것을 가르치라고 말씀하
신다. 그러나 좁은 자아에 갇힌 나는 무언가 열심히 노력하고
몰두하면 가능할 것이라고 믿었다. 무언가를 갈망하고 토해내
는 것으로는 나를 살릴 수도 없고, 그 결과물로 사람을 감동시
키는 것은 한계가 많다는 사실을 몰랐다. 예술적으로 탁월하지
못한 나 자신을 원망하며, 풀리지 않는 삶을 보며 늘 깊은 한숨
을 내쉬곤 했다.

#3

연단의 겨울

부름 받아 나선 이 몸 어디든지 가오리다
괴로우나 즐거우나 주만 따라 가오리니
어느 누가 막으리까 죽음인들 막으리까

아골 골짝 빈들에도 복음 들고 가오리다
소돔 같은 거리에도 사랑 안고 찾아가서
종의 몸에 지닌 것도 아낌없이 드리리다

존귀 영광 모든 권세 주님 홀로 받으소서
멸시 천대 십자가는 제가 지고 가오리다
이름 없이 빛도 없이 감사하며 섬기리다

찬송가 「부름 받아 나선 이 몸」

20대 초반, 주님께 쓰임 받고 싶은 마음으로 간절히 기도하
며 참 많이 부르던 찬송가이다. 이름도 없이 빛도 없이. 나, 과연

그렇게 살아왔는가? 그것을 지향하며 살아왔는가? 지난날을 돌아보면, 무던히도 나 자신을 드러내는 것에, 기왕이면 내가 모든 영광을 받는 자리에, 누군가 나의 노고와 열정을 알아주는 곳에 서 있고 싶었다. 나보다 누군가가 더 주목 받고 쓰임 받는 것 같으면 은밀히 무섭도록 질투하였다. '왜 나 같은 인재를 알아보지 못할까?' '저들이 저 자리에 있는 것은 가당치도 않은 일이다.' 세상을 향하여 욕망하고 열정을 냈던 그 시간들은 나에게 겨울이었다. 4년여 기간 동안 모든 것이 다 얼어붙은 듯 했다. 물질도, 마음도, 심지어는 하나님을 향한 마음도 얼어붙었었다.

> 내가 염려했던 지난날들과
> 영원히 계속 될 것만 같았던 추운 겨울은
> 주님의 약속대로 흔적도 없고
> 내 하나님 행하신 일 만물이 찬양하누나
>
> - 김도현 1집 「봄」 중

스물두 살, 군대에서 맞은 강원도의 첫 겨울은 너무나 춥고 혹독했고 낯설었다. 그 해 겨울은 유난히 길고 추워서 '과연 봄이 올까?' 하는 말도 안 되는 의심을 갖게 만들 정도였다.

4월이 조금 지나고 나서야 강원도에도 봄이 왔다. 영원히 계속 될 것만 같았던 겨울이 끝나고 봄이 온 것이다. 앞산의 눈은 거짓말처럼 녹아 사라지고, 새가 지저귀고, 얼었던 시냇물이 녹아 흘러내리는 풍경은 도시에서만 살아왔던 나에게 마냥 신기했다. 아무 노력 없이 그저 기다리기만 했는데 봄은 약속처럼 찾아왔다. 춥고 긴 겨울은 모든 생명을 오히려 더 단단하고 새롭게 만들어 주었다. 연둣빛 나무 잎사귀는 싱그럽게 윤이 나게 하고, 꽁꽁 얼어붙었던 계곡물을 더욱 힘차게 쏟아져 내리게 했다.

'내가 염려했던 지난날들과 영원히 계속 될 것만 같았던 추운 겨울은…'

노래를 지을 당시에는 몰랐지만 앞으로 긴 연단의 겨울을 보내게 될 것을 예언하게 하신 것은 아니었을까? 지금 돌아보면 4년의 시간은 나를 조금은 더 단단하고 의연하게 만들어 주었다.

새벽 광야

2012년 여름.
광야 한가운데서 하룻밤을 지낸적이 있다.
새벽에 눈이 떠져 일부러 일행들이 없는 곳으로 걸어나왔다.
살짝은 두려운 느낌마저 드는 새벽 광야의 풍경.
시간이 지나면서 신비로운 느낌으로 다가왔다.
곧이어 어두웠던 하늘이 붉게 변하며 여명이 밝아오기 시작했다.

지금 당장 우리의 삶은 어둡고 두렵고
그저 광야의 허허로운 바람 소리만 들리는 듯 싶겠지만…
광야, 미르바르 - '말씀이 있는 곳'이라는 그 놀라운 비밀을 알리시려
우리를 일부러 그곳으로 이끄시는 하나님의 손길을 기대한다.

나이가 들고, 말 그대로 내 육체는 쇠잔해져 가지만
날이 갈수록 내 모든 삶을 드리는 순전함을
체득하는 시간들이 올 것이라고 믿는다.
'우리가 이뤄놓은'
예전에는 대단해 보여 한없이 높게만,
영광스럽게만, 그것 자체로 하나님께 영광!이라고
착각했던 업적들이 이제는 서서히 무너져 내리고 있음을 본다.

오롯이 하나님의 말씀에 집중하고 그분의 명령이
온전히 이뤄졌을 때 그분의 영광이 임한다는 사실을
말씀을 통해서 배우고 있다.

오랜 경험에서 나오는 고질적인 고집과 아집. 무언가를 움켜쥐는
나이 먹음이 아닌, 조금은 더 그분의 말씀과 명령에 순종하는
'온유한 자'가 되기를 기도한다.

©Dohyun Kim

봄 그리고
버드나무

모든 것이 절망스럽고 한심하게 여겨지던 순간에
주님은 예기치 않은 만남을 통해서 나를 부르시고 계셨다.

#1

우현 형

아픈 몸이 아프지 않을 때까지 가자
온갖 식구와 온갖 친구와
온갖 적들과 함께
적들의 적들과 함께
무한한 연습과 함께

김수영 時 「아픈 몸이」 중에서

2003년 봄, 미국의 한 사업가 친구와 진행하던 일이 있었다. 지난 4년여의 겨울 같은 기간 동안 아무런 결실 없는 삶을 살고 있던 내가 여전히 건재하다는 것을 증명할 수 있는 마지막 기회라고 여겼다. "세상과 교회를 이어주는 그런 종합 예술 프로덕션을 만들자." 처음엔 모든 일이 쉽게 풀리는 듯 했다. 많은 돈을 투자하여 미국과 국내를 오가며 음반 녹음을 진행했고, 그 일을 성공시키기 위해 영향력 있다고 하는 크리스천 매니저, 방송국 PD들을 만났다.

어느 날, 유능한 방송국 PD를 만나기로 약속한 카페에서 우현 형*을 만났다.

"야! 너 몇 년 만이냐? 예전엔 참 예뻤었는데 너도 나이 들어가는구나." 6여 년 만에 만난 우현 형의 첫 마디였다. 지치고 힘겹던 지난 겨울이 얼굴에 드러났던 것일까? 그날 만나기로 한 '유능하다는 방송국 PD'가 바로 우현 형이었다. 형도 그 친구의 제의로 함께 진행하던 일이 있었다고 했다. 그러나 재미교포 사업가 친구와 도모하던 일은 많은 우여곡절 끝에 아무런 결실도 맺지 못하고 서로에게 많은 상처만 주고 마무리 되었다. 절망감이 깊어 아무런 일도 하고 싶지 않았다. 아무리 발버둥치고 노력을 해도 어쩌면 이렇게 계속 제자리 걸음을 걷듯이 살고 있는 것일까?

---

* 김우현. 최춘선 할아버지를 담은 영상과 책으로 유명한 PD. 우현 형과 알게 된 계기는 형이 기독교 방송국의 작가로 있었던 시절, 시인과 촌장 하덕규 형님의 소개로 알게 된 관계였다. 이후 형은 KBS방송국의 유명한 다큐멘터리 감독이 되셨다는 얘기를 들었고 한동안 소식을 듣지 못하고 지냈었다.

#2
맨발의 천사
최춘선

그로부터 몇 주일 후 우현 형은 그 친구와 하려던 일을 자신과 해보자고 하셨다. "나는 영화를 만들고 너는 그 영화의 음악을 하자! 그동안 만들려고 노력한 너의 솔로 앨범도 기획해 보고……. 까짓 거 못할 건 또 뭐냐? 나는 하늘의 풍경을 촬영하고 너는 하늘을 노래하는 진정한 종합 엔터테인먼트!! 어때?"

형의 말들은 참 멋졌지만, 나의 귀에는 허풍처럼 느껴졌다. 자금도 없이 무엇을 한다는 말인가? 게다가 같이 한다는 동생들은 풋내기 예술가 지망생 수준으로 보이는 친구들이었다. '내가 과연 무엇을 또 할 수 있을까?' 난 모든 전의를 상실한 패잔병 같은 상황이었다.

형은 그러한 나의 생각을 읽으셨는지, 갑자기 편집이 끝난 지 얼마 안 되었다는 짧은 영상을 틀어 주셨다. 호기롭게 "이 영상은 앞으로 한국교회와 사회를 울릴 거야!"하며 사무실 방에 나를 남겨두고 자리를 비웠다.

"선생님은 그 빛난 안광, 김구 선생 꼭 닮았어!"노인의 거친 목소리와 이해 불가의 말들, 검고 거칠은 발. 도대체 알 수 없는 정체불명, 기묘한 느낌의 영상이었다. "1999년을 일 년 앞둔 어느 날……." '아, 저 내레이션 목소리는 탤런트 J씨인거 같은데. 그나저나 1999년을 앞둔 저 순간에 난 무엇을 했더라?' 식의 추억에 잠기는 정도로 가벼운 몰입만 하고 있었다. 그러나 영상이 중반을 넘어서면서 내 눈에서는 눈물이 흘러내리기 시작했다.

"너의 삶이 얼마나 허망한 것들을 바라며 꿈꾸고 있었는지 아느냐!!!"

영상 속의 그 노인이 나에게 큰 소리로 호통 치는 듯 했다. 그 영상은 훗날 한국 교회를 뒤흔든 「팔복 - 가난한 자는 복이 있나니, 맨발의 천사 최춘선」이었다.*
나의 눈은 벌겋게 충혈되어 있었다. 형은 그런 내 모습을 보시며 "할아버지가 도현이를 울렸네. 자! 맛난 거 먹으러 가자!" 형과 저녁밥을 먹는 내내 영상에서 보았던 할아버지의 발이 눈

---

* 가끔 형의 그 영상과 책을 읽어보지도 알거나 듣지 못했다는 사람들을 만나곤 하는데, 나는 그러한 사람들을 기독교계의 간첩이라고 명명한다. 아니 아직도 그 책과 영상을 모르는 사람들이 있다는 말이야? 하면서 말이다.

에 계속 밟혔다. '이런 영상을 만드는 사람이라면 어쩌면 함께 해도 되지 않을까' 하는 확신이 들기 시작했다. 그날 그 순간이 나에게 엄청난 큰 변화를 준 순간이라는 것을 나는 예감하지 못했다.

#3
예기치 않은 만남
그리고 부르심

며칠 후 우현 형에게서 메일 한통이 왔다.

우리가 그에게서 얼마나 멀리 와 있는지….
손해 보지 않으려 하고 자신을 비워 남을 담으려 하지 않는….
얼마나 우리가 그리스도로 부터 멀리 떨어진 채 그분을 부르고
찬양하는지. 부끄러움에 봄날이 울울하기만 했네.
하루 종일 서점에서 책을 보고 자료를 찾다가 너무 힘이 들었지만
오기로 속죄하는 맘으로 계속 나사렛 예수를 탐구했네.
물론 책 속에 그 분이 있는 건 아니지만 그러고 싶었네.

당연히 사람들은 자기의 욕심대로 자기가 살던 흐름대로 살지.

그러니 깊이있는 삶의 모범을 보기 힘드네.

그리스도 앞에 한없이 부끄러워지는 봄날일세.

어디론가 사라지고 싶지만… 다 큰 놈이 그럴 수도 없고…

다시 추스리고 주님을 부르고 새로운 힘을 얻으려 하네.

이것이 상투적인 것 같지만 정도(正道) 아닌가.

그대의 문제… 아픔… 고민들… 그분께 내어 놓자고.

나도 기도했다. 또 기도하지. 내가 필요하다면 주께서 시키시겠지.

아무도 모르는 곳에서 물리적인 고독과 싸우며

다시 창작을 길을 가기로 했네.

같이 고민들을 나누며… 같이 그 길을 가자.

나도 맘이 쉽지 않았는데… 너무 화도 나고 다 때려치우고 사라

질 생각도 많이 했는데 주님이 힘을 주시더만. 사람을 사랑하되

너무 의지하진 않기로 했네.

그대의 노래가 나의 몸짓이 얼마나 그리스도에게 가까이 다가

가 있는지 점검해 보자구. 또 소식 전하자.

2003. 4. 28.

우현 형이

우현 형

우현 형.
나에게는
큰 형님이자
선생님이자
동역자이자
친구.

그러므로 어디서 떨어졌는지를 생각하고
회개하여 처음 행위를 가지라
만일 그러하지 아니하고 회개하지 아니하면
내가 네게 가서 촛대를 그 자리에서 옮기리라

계 2:5

어디서 어떻게 언제 그분으로부터 떨어져 나왔는지 기억이
나지를 않았다. 무엇이 어떻게 잘못되어 내가 그렇게 서 있는지
잘 몰랐다. 하지만 그 분 앞으로 다시 돌아가야 할 때임을 분명
히 느꼈다. 모든 것이 절망스럽고 한심하게 여겨지던 순간에 주
님은 예기치 않은 만남을 통해서 나를 부르시고 계셨다.

#4
버드나무

다큐멘터리 감독 우현 형, 대구에서 올라온 사진 찍는 요셉
이와 그림 그리는 유리, 형에게 영상을 배우려고 들어 왔다는

동석이, 웹 디자인을 한다는 진경이, 그리고 음악을 하는 나, 그렇게 모였다. 이름은 '버드나무'로 짓고, 음향 비즈니스를 하시는 중소기업의 J 사장님께서 우리에게 사무실을 무료로 쓸 수 있도록 배려해 주셔서 작은 사무실을 갖게 되었다. 텅 빈 공간을 중고 의자, 책상, 컴퓨터 등으로 꾸미고 작업실이라 여겼다. 나도 그 사무실 한 곳을 파티션으로 막고 나의 작업공간으로 만들었다. 난생 처음 갖게 된 나만의 작업실은 한 평도 채 되지 않은 곳이었지만 왠지 흥분이 되었다. 그리고 2003년 7월16일, 버드나무(birdtree.net - 지금은 사라진)라는 사이트를 열었다.

무슨 일이 있게 될 지는 크게 기대하지 못했다. 그저 작은 작업 공간이 생겼다는 사실에, 각자의 작업의 산물을 나눌 매체가 생긴 것에 소박하게 흥분했다. 우린 이미 오래 전에 운명처럼 만났어야 할 사람들처럼 서로를 기뻐했다. 돈 한 푼 생기지 않는, 누구도 알아주지 않는 각자의 작업들에 성실했고 즐거워했다. 남이 보면 한량들로 보였을 것이다. 영상과 사진을 찍고 음악을 만들며 그 안에 따뜻하고 소박한 인간적인 감성과 본질로의 갈망은 표현하되 기독교적인 표현은 하지말자, 이것은 일종의 암묵적인 약속 같은 것이었다.

외치지 아니하며 목소리를 높이지 아니하며

그 소리를 거리에 들리게 하지 아니하며

사 42:2

　밑바닥, 남들은 모르는 작은 샘에서 길어 올린 한잔 물 같은 소박한 우리의 작품이 지친 영혼들에게, 나그네들에게 시원한 안식과 양식이 될 수 있다는 사실을 알기 시작했다. 기독 음악과 상업 음악의 틀 안에서의 안 좋았던 모든 기억들, 이뤄지지 못한 욕망과 꿈들, 알게 모르게 생긴 내 안의 생채기들, 그 모든 것을 다 씻어내고, 원점에서 다시 시작하는 마음으로 버드나무에 조용히 거했다. 나에게 버드나무는 쉴만한 물가였고, 도피처였고, 안식처였다.

　버드나무라는 이름으로 모인지 한 달이 되던 어느 날, 우현 형은 아침에 러닝머신 위를 걸으며 기도드렸다고 했다. "주님 이제 우리가 버드나무로 모인지 한 달이 지났습니다. 주님 또 다른 지경으로 우리를 옮겨주세요."

　그 기도를 마치고 얼마 안 되어 전화벨이 울렸다 한다. 예전에 몸담았던 다큐멘터리 프로덕션에서 새로운 아이템이 없어 고민하던 중 형의 도움이 절실히 필요하다는 소식이었다. 그날 아침 사무실에 오신 형은 약간은 흥분된 목소리로 말했다.

"봐라! 우리 하나님이 어떻게 일 하실지!" 이상한 건 그 말을 듣는 우리는 믿었다는 것이다.

인간극장 「광화문 연가」. 10여 년을 어울리며 그 모습을 촬영해 온 재완 형과 창희 형의 풍경을 다큐멘터리로 만들었다. 그 방송으로 버드나무는 많은 이들의 관심을 받기 시작했다. 한 번은 홈페이지로 수만 명의 사람들이 동시에 몰려들어 서버가 다운이 된 적도 있었다. 많은 이들이 사무실에 찾아 왔고, 우리가 올리는 영상, 사진, 음악에 반응해 주었다. 감사하고 신기했지만 한편으로 그동안 우리가 누렸던 소박한 평안함이 깨어지는 것이 두려웠고 '우리만의 작업실'이 공개 된다는 것이 두려웠다. "형, 우리 어디 멀리 숨었으면 좋겠어요." 그 즈음에 내가 형에게 했던 말이다. 그런 나에게 형은 "하나님이 어떻게 하시는지 두고보자"고 했다.

많은 사람들이 각박한 세상에서 아련한 무엇이 그리운 사람들, 맘이 가난한 사람들, 슬픈 사람들. 하나님은 그러한 이들을 버드나무로 보내셨다. 그리고 우린 어느 샌가 그 풍경을 보면서 격려 받았다. 아무도 보지 않는 작고 소박한 공간에서 각자에게 맡겨진 작은 일들과 각자에게 맡겨진 사람들을 섬기던 우리

에게 깜짝 이벤트를 열어 격려하고 싶으셨나 보다. 분명한 것은
우리의 소박한 결과물들로도 적지 않은 사람들에게 영향을 줄
수 있다는 사실을 알게 된 값진 경험이었다.

#5
작은 자

> 내 형제 중에 지극히 작은 자 하나에게 한 것이 곧 내게 한 것이
> 니라
> 마 25:40

버드나무 맏형인 우현 형은 오래 전부터 이 말씀을 자신의
좌우명으로 삼고 삶과 작품에 녹여내려고 끈질기게 노력하였
다. 동생인 우리들도 더불어 그 말씀을 붙잡고 따르기 시작했다.
형은 늘 입버릇처럼 말했다. "예수님도 밑바닥 인생이셨어."
그 말은 묘하게 위로가 되었다. 노숙자, 장애인, 무명의 예술가.
이름 모를 들꽃, 버려진 의자, 바람 빠진 배구공, 잡초 가득한 공
터. 평소에는 눈길조차 주지 않았던 밑바닥 풍경들이 어느 샌가

나를 위로해 주었고 내 음악의 재료가 되었다.

그동안 날 괴롭히던 조바심은 온데간데없어졌다. 그저 '세월아 가라 난 나른한 꿈이나 꾸련다' 했다. 서른이 넘어 무언가 제대로 된 밥벌이라도 해야 할 나이에 오히려 그러한 풍경에 거하며 유유자적하는 듯 사는 나를 보며 예전에 날 잘 알던 사람들은 매우 의아하게 여겼다고 한다. ·

버드나무 식구들과 함께 도시 구석구석을 돌아다니며 익숙한 듯 낯선 풍광에 흥분했다. 잠시 엿보았던 지하도 노숙자들의 세계. 공사 현장 빈 공터에 멍하니 앉아 잡초들을 바라보던 시간들. 소래포구의 낡고 버려진 소금 창고 안에 불던 바람소리와 비릿한 내음. 선재도 갯벌을 밟았을 때의 첫 느낌을 잊을 수 없다. 맨발에 감기듯 닿던 그 검고 끈적한 뻘의 낯선 느낌, 발가락 사이사이 파고들던 간질간질한 자유로움. '나는 자유롭다'라는 느낌을 처음 받았다. 세련되고 깔끔하게 정돈된 것들만 좋아할 것이라 여겼던 나는, 의외로 날 것과 거친 존재들에게서 많은 영감을 얻고 편안함을 얻고 있었다. '나의 핏속 어딘가에 이러한 풍경들에 자연스럽게 스며들게 하는 유전자가 숨어있었나?' 싶을 정도로 편안했다. 그 모든 경험들은 내게 음악적 소재가 되어 주었다.

　　그때부터 이전에는 할 수 없던 음악적 실험들을 하기 시작
했다.* 언젠가부터 나에게 음악 작업은 누군가에게 인정받기 위
한, 그리고 그것이 판매가 되어야 하는, 종교적이든 상업적이든
특정한 목적과 경향성을 띄지 않으면 안 된다는 생각이 강했다.
음악을 하는 것 자체가 행복하고 즐거웠던 시절은 이미 나에게
오래 전의 이야기가 되었던 것이다.

　　어린 아이의 악기라 여겼던 멜로디언이 가슴을 울리는 훌륭
한 악기가 될 수 있다는 것. 관심 밖에 있던, 구식이라 여겼던 국
악기와의 우연한 만남을 통해 대금, 피리, 해금, 가야금을 연주
하는 후배들과 작업을 해 보기도 했다. 이렇게 사무실 구석의
반 평도 안 되는 작업공간이 나에게는 음악 실험실이 되었다.
무엇보다 우현 형의 거친 영상을 위하여 즉흥적으로 만들었던
짧은 연주곡들은 후에 많은 곡들의 모티브로 재활용되기도 하
였다.

　　「희태 형」이라는 연주곡을 잊을 수 없다. 어느 초겨울 아침,
우현 형이 집을 나서는 길에 만난 노숙자와의 짧은 시간을 담은
영상에 삽입된 음악이다. 초겨울 양지 바른 길에서 꾸벅 꾸벅

---

* 버드나무 시절에 만들었던 노래들은 하나 같이 단순하며 습작의 느낌이 강했다. 그저 내
안에 울려지는 소리와 생각들에 집중하여 어떤 형식에 매이지 않고 만들어 낸 노래들이다.

졸고 있던 '희태 형'에게 우현 형은 말을 걸고, 국수 한 그릇을
사 주기 위해서 여기저기를 기웃거린다. 대부분의 사람들은 자
신의 삶을 살기에 바쁘기 때문에 그의 앙상하고 추레한 모습에
거부감을 표현하거나 아무런 관심이 없다. 잔치 국수 한 그릇을
후루룩 거리며 맛나게 먹는 장면에서 「희태 형」*이라는 곡이 흘
러나온다. 담담한 듯 애잔한 피아노 선율이 흘러나오는 순간 평
범한 그 장면이 특별한 분위기로 바뀐다. 어려서부터 늘 영화
음악을 해 보고 싶었던 꿈이 소박하게 이뤄지는 순간이었다.

꽃

작사 김우현 김도현
작곡 김도현

메마르고
허기지고
가난해도
꺽여져 잠시 잊혀져도

---

* 부록 CD 수록곡 No.2

그래도 난 여전히

난 여전히

난 여전히 꽃이다

「꽃」*이란 곡은 난생 처음으로 우리 전통 악기인 해금과 대금을 사용하여 만든 노래다. "메마르고 허기지고 가난하더라도, 내가 지금은 꺾여진 듯 잊혀져 보여도 나를 지으신 하나님은 눈여겨 보시는 아름다운 꽃이다. 여전히 꽃이다." 조용히 항변하는 듯한 글과 해금과 대금의 애잔한 느낌이 잘 어우러진 노래이다.

재완 형의 짧은 시 한 구절이 노래의 가사가 되기도 했다.

하늘

작사 정재완

작곡 김도현

하늘은 맑고 아름다운데

---

* 부록 CD 수록곡 No.1

081 _봄 그리고 버드나무

한 마리 새도 보이질 않네

재완 형의 시들을 모아 시인과 촌장의 하덕규 형님과 내가
노래를 만들어 소박한 앨범을 만들었었다. 앨범 제목은 「날아간
다고」. 이 앨범의 발표 기념 음악회를 계획했고, 곧 버드나무 사
무실이 위치한 건물 지하의 100명도 채 안 들어가는 작은 세미
나실에서 열렸다. 음악회, 공연하면 의례히 많은 연습을 하고,
무엇보다 밴드들이 함께 해야 하고, 화려한 조명 정도는 있어줘
야 음악회라고 여겼었다. 그러나 버드나무 음악회는 그러한 것
들 전혀 없이, 그저 피아노 한대에 기타 한대, 창희 형의 어설픈
하모니카 소리만으로 100여명의 관객들은 깊이 감동하며 눈물
을 흘렸다. 대단한 가창력을 지닌 가수들은 아니지만, 평범한 밑
바닥 인생들이 부르는 노래들이 사람들의 마음을 움직일 수 있
다는 사실을 그때 그 음악회에서 처음 배웠다.

버드나무는 내 안에 있던 고정관념의 틀을 깨는 곳이었고,
크고 화려한 곳에 시선을 맞추고 살던 나에게 작고 소박한 것들
의 아름다움을 알려준 곳이었다. 무엇보다 나 자신이 치유되고
회복되어 새로운 도약을 꿈꿀 수 있도록 주님께서 오래 전 부터
계획하신 곳이었던 것이다.

봄날

이미 어느샌가 와 버린 봄….
왔다고 호들갑 떨기에는 당연스레 찾아오는
계절의 순환이지만 그래도
여전히 반갑고 호들갑 정도는 떨어줘야 될 것 같은 그런 날….

집을 나서는데
지하실에 몰래 숨어사는 길냥이랑 눈이 딱 마주쳤다.
아마 나른한 봄 햇살을 즐기다가
나에게 딱 들켰지.

너도 즐기는 봄 햇살
나는 왜 못 즐기고 있나… 싶구나.

뭐 그리 대단한 일을 한다고
심각하게
인상 쓰면서
바둥거리면서

주신 날들 감사하고
그분이 이루어 놓으신
그리고 이루실 일들 누리면서
내 삶에 널려진 놀라운 일들을 바라보지 못하고
뭘 그리 아둥바둥 거리고 있는지….

이러다 좋은 봄날 다 가겠구나.

Ein Kerem(세례 요한의 고향)ⒸDohyun Kim

하 나 님 의   말 씀 은   영 원 히   서 리 라

PART 2

영원한
겨울은 없다

성령이 오셨네

더 이상 허무한 한숨을 노래로 불러내는 삶이 아닌
하나님 나라를 노래하는 삶을 살라

#1

성령

내가 아버지께 구하겠으니

그가 또 다른 보혜사를 너희에게 주사

영원토록 너희와 함께 있게 하리니

그는 너희와 함께 거하심이요

또 너희 속에 계시겠음이라

내가 너희를 고아와 같이 버려두지 아니하고

너희에게로 오리라

요 14:16-18

2004년 늦은 봄, 개인적인 일로 잠시 방문했던 미국 LA에서 우현 형에게 안부 전화를 걸었었다. 전화기 너머 형의 목소리는 담담하지만 묘하게 흥분되어 있었다. "도현아, 한국에 빨리 와라. 지금 너무나 재미있는 일이 진행되고 있다." 미국으로 오기 전, 형의 다큐멘터리를 장편 영화로 만들자는 국내 유명 영화사의 제안이 있었다. 형은 영화를 만들고 나는 그 영화의 음악을 만들자고 했다. '그 일'이 내가 미국에 와 있는 동안 빠르게 진행

되었는가 생각했다. 그런데 우현 형이 내게 말하길, "내가 성령을 받았어"라는 것이다. 이게 무슨 소린가? 성령??? 중학교 2학년 겨울 방학 때 성령 세례를 받고 예수님을 인격적으로 영접하고 방언도 받았지만, 우현 형의 입에서 발음 되어지는 '성령'이라는 단어는 너무나 낯선 언어처럼 느껴졌다. 당시 나는 신앙적인 표현과 단어들에 유난히 거부감을 느끼고 있던 시절이었다. 진실한 풍경을 쫓아 유명 방송국 피디의 삶을 접고 버드나무를 만들고 무명의 아티스트 동생들, 밑바닥 인생들과 어울리는 삶을 추구하던 형. "익명의 그리스도인, 경향성을 드러내는 건 예술이 아니다"라고 하셨던 그 형이 '성령'을 받았다니……

버드나무에서는 기독교의 무엇을 노래하거나 말하지 않았다. 진실된 사람의 풍경들을 그려내는 것으로 족하다고 여겼다. 내가 지난 몇 년간 CCM에서 혹은 가요계에서 추구하고 이루려고 했으나 도저히 이룰 수 없었던 것들을 버드나무의 짧은 1년여의 시간 동안 변방의 형, 동생들과 함께 하며 조용히 이뤄가고 있다는 자부심이 있었다. 주류를 향한 조소, 그것이 내 지난 날을 향한 통쾌한 복수라고 여겼다.

2주 만에 한국으로 돌아와 보니 버드나무 사무실의 풍경은 낯설게 변해 있었다. 우현 형은 체질까지 변해 있었다. 성령님은 독특한 방법으로 형과 버드나무를 이끄시기 시작했다. 버드나무 사이트 구석에서 1년이 지나도록 그리 큰 주목을 받지 못했던 '최춘선 할아버지' 영상이 갑자기 세상에 알려졌다.

30분도 채 되지 않는 그 짧은 영상, 할아버지의 쉿소리 나는 카랑 카랑한 목소리와 굳은 살이 배긴 맨발은 한국 교회에 커다란 충격을 안겨주었다. 그 풍경을 바라보는 나에게도 큰 충격이었다. 막연하지만 '성령님의 역사는 뭔가 다르구나'를 보게 하신 사건이었다.

훨씬 더 창조적이고 더 크고 넓게 사람들의 마음을 움직이고 영향을 주기 시작했다. 성령께서 인도하시고 말씀하시고, 친히 영감을 주시는 작업은 스케일이 달랐다. 무엇보다 온전히 성령님의 인도하심에 의지하여 작업하는 형의 모습은 자신의 감각과 스타일에만 의지하던 나와 동생들에게 '형처럼 성령께서 친히 창조의 원천이 되시는 아티스트가 되고 싶다'는 열망을 품게 만들었다.

'성령님을 알고 싶습니다. 성령님 저에게도 임하여 주세요. 저에게도 하늘로부터 내리는 그 창조성을 주세요!' 혼자 몰래 그러한 기도를 했던 적이 한두 번이 아니었다.

\#2

조우

    방배동 버드나무 사무실에는 아무도 없었다. 굳이 토요일 오후에 나와야 할 이유는 없었지만, 일궈 놓은 것 없이 세월만 축내고 있다는 조바심에 등 떠밀려 사무실로 나왔다. 휴일이라 난방을 하지 않은 사무실 풍경은 춥고 서러웠다. 창작 욕구라도 불러일으킬 요량으로 그동안 습작으로 써 놓았던 곡들을 몇 번이고 반복해서 들었지만, 토요일 오후를 그렇게 보내는 내 모습이 궁상맞다는 생각만 들었다.

    '기도하자.'

    혼자 기도하는 건 참 오랜만이었다. 그래서인지 "주님……" 이 말만 되풀이 할 뿐, 기도가 온전한 문장이 되어 나오지 않았다.

    '더 힘을 내보자. 이대로 끝을 내면 안 된다.' 힘을 실어 억지로 더 기도에 집중해 보았다. '그래, 입을 열어 통성 기도를 해 보자.' "루 루 루……." 오랫동안 하지 않았던 방언 기도가 나오는 게 아닌가? 몇 년 만에 하는 기도의 소리가 고작 "루 루 루"였지만 마음의 감동과 함께 눈에서는 뜨거운 눈물이 흘러내

리기 시작했다. 내 감정과는 전혀 상관없는, 정체를 알 수 없는
눈물이었다.

> 이와 같이 성령도 우리의 연약함을 도우시나니
> 우리는 마땅히 기도할 바를 알지 못하나
> 오직 성령이 말할 수 없는 탄식으로
> 우리를 위하여 친히 간구하시느니라
> 마음을 살피시는 이가 성령의 생각을 아시나니
> 이는 성령이 하나님의 뜻대로 성도를 위하여 간구하심이니라
>
> 롬 8:26-27

요한복음 14장! 갑자기 마음에 떠오른 말씀이었다. 입으로
는 기도를 하며 눈을 떠 건반 위에 놓인 먼지 잔뜩 덮인 성경책
을 뒤적였다. '말씀을 소리 내어 읽어라' 누군가 내 안에서 명령
을 내리는 듯 했다.

> 내가 너희를 고아와 같이 버려두지 아니하고 너희에게로 오리라
>
> 요 14:18

이 구절을 소리 내어 또박 또박 읽는 순간 가슴 깊은 곳을 누군가 만지고 있는 느낌이 강하게 들었다. '아, 성령님이시구나! 내가 그토록 사모하는 예수님이 보내신 성령께서 나의 이 풍경에 함께하고 계시는구나!!' 갑자기 눈물이 쏟아지기 시작했다. 눌러두었던 나의 지난 슬픔과 서러움들이 쏟아져 내리고 있었다. 차가운 주말의 사무실, 나는 그렇게 통곡하며 성령님과 조우하고 있었다.

\#3
예배의
회복

그동안 성령님은 나의 삶에서 멀리 비켜 서 계신 분이셨고, 광신적 형태의 신앙을 갖게 하는 분으로 오해하기도 했었다. 이성적이고 세련된 신앙을 추구하던 나에게 성령님과 관련된 모든 것들은 거슬리고 미련하게 여겨졌다. 성령님을 강조하는 이들의 모습을 봤을 때 눈살을 찌푸리게 만드는 행동들이 많았다. 저렇게 요란하고 교양 없이 신앙생활을 하느니, 그냥 조용히 자신을 수

양하며 가다듬는 비신자들이 더 좋게 보이기까지 했었다. 그런 나에게 성령께서 친히 찾아오신 것이다. '진리의 영'으로 오셔서 내 삶의 어둡고 혼돈스러운 부분들을 밝히시고 자유롭게 하시는 성령님. 나를 바꾸시기 시작했고, 나의 노래를 바꾸셨다. 자아의 허무한 감성으로 끄적였던 노랫말들이 멈춰지고 하나님의 큰일을 기대하고 노래하고 싶은 열망이 가득했다. 그건 인위적 훈련과 강요에 의한 것이 아니었다. 성령께서 친히 그렇게 하셨다.

성령님은 나의 예배를 회복시키셨다. 어떠한 형태의 예배, 설령 그 형식이 매우 고루하고 지루한 어투의 설교 말씀으로 채워진 예배에서도 하나님의 임재를 느끼고 큰 감동으로 예배를 드릴 수 있었다. 찬양 인도자가 앞에서 열심히 인도를 해도 나는 늘 뒷좌석에 앉아 예배를 구경하는 태도를 가지곤 했었는데 하나님을 경외하는 영이신 성령님은 찬양드리는 내내 하늘의 기쁨과 감격으로 나를 에워싸셨다.

그 후 다시금 성경을 보기 시작했다. 그 전에는 말씀의 의미가 깨달아지지 않아 몇 구절 채 읽지 못하고 덮어두기 일쑤였다. 가까운 후배와 동료들에게 말씀을 나누고 성령 세례를 권하고 성령 세례를 받도록 함께 기도했다. 한 후배가 매일 밤 악한 영에게 시달려 자살 시도를 한 적이 있었다. 그 친구의 회복을

위해 성경 말씀을 나누고 함께 기도하였다. 성령께서는 그 친구
를 온전히 회복하셨다. 당시 말씀을 나눌 때면, 마치 내가 성경
구절을 외우고 있었다는 듯 떠올랐고 다른 관련 성경 구절과 연
결하여 말씀을 나누는 내 자신을 보면서 매우 놀라곤 했었다.

> 보혜사 곧 아버지께서 내 이름으로 보내실 성령
> 그가 너희에게 모든 것을 가르치고
> 내가 너희에게 말한 모든 것을 생각나게 하리라
>
> 요 14:26

그리고 주변의 지인들과 치유와 문제 회복을 놓고 기도할 때
마다 성령께서 친히 만지시고 회복케 하시는 것을 경험했다. 제
자들은 예수님의 말씀을 직접 듣고, 옆에서 경험하고 함께 동
역 했음에도 예수님의 말씀과 행적이 뜻하는 바를 정확히 알지
를 못했다. 하물며 2000년 전에 오신 예수님을 오직 성경의 말
씀을 통해서 이해하고 믿어야 한다는 것은 참 쉽지 않은 일이었
다. 그러나 성령님께서 오시자, 오순절 제자들에게 일어났던 그
일들이 나에게 일어나기 시작했다.

#4

새 앨범

성령님과의 조우 이후, 새로운 앨범 제작을 마음에 품기 시작했다. 2003년, 오랜 기간 준비했던 1집 앨범을 발매했었다. 6년여 기간 동안 써 두었던 노래들을 모아 적지 않은 제작비를 들여서 만든 앨범이었다. 유명하고 탁월한 세션들의 연주, 오랜 시간 심혈을 기울인 편곡, 비싼 스튜디오에서 진행된 작업.

음악적 만족도는 비교적 높은 앨범이었지만 좋은 반응을 얻지 못했다. '저주 받은 걸작'이니 '일부 소수 지식층들에게만 통하는 앨범'이라며 스스로를 위로하곤 했지만 그저 개인 솔로 앨범을 냈다는 것으로 만족해야 했다. 그래서였는지 새로운 앨범을 내는 것에 두려움 같은 것이 있었다.

제작비 문제가 가장 컸다. 어느 누구도 나의 다음 앨범에 투자하겠다는 사람이 없었다. 설령 앨범이 나왔다고 하더라도 그것이 판매가 될지 장담을 못 하는 것이 현실이었다.

어느 날 우현 형은 나를 집에 초대해 자신이 직접 만든 맛난 음식을 잔뜩 먹이셨다. 그리고는 "도현! 네 2집 앨범 우리가 만들자! 네가 하나님의 기쁘신 뜻만 구하면 어떻게든 앨범은 만

들어질 거니까 너무 걱정하지 말어! 힘내자!!" 너무나 호기로워
헛웃음이 나오면서도 묘하게 가슴을 설레게 하는 격려였다.

집으로 돌아오는 버스 안, 이어폰을 통해 흘러나오는 Chris
Rice 의 「Thirsty」를 듣는 중 성령께서 임하셨다.

목이 마릅니다.

내 영혼 깊이 그걸 느낍니다.

나의 영혼 한 구석에서 타오르는 그 갈망

쉽게 설명이 되지는 않지만…

이름 모를 충동이 나를 어딘지 알 수 없는 곳으로 이끌고 갑니다.

그 신성한 강

나의 갈함을 채워줄 그 강.

마시면 더 이상 목마르지 않는다는…

그 강에 대한 소문을 누군가에게 들었습니다.

그 전처럼 갈함과 허전함이 아닌

내 깊은 목마름을 채워 줄 그 강.

- Chris Rice 「Thirsty」

'하나님 나라를 노래하자!' 왠지 그렇게 결심하게 만드는 노래였다. 하나님 나라! 익숙한 단어였지만 나에게는 한없이 관념적인 의문(儀文)에 불과했다. 하나님 나라를 노래한다는 것은 내 영역이 아니라고 생각했다. 고형원* 선배나 송정미 누나 같이 큰 비전을 대중들과 나누고 그들을 품고 노래해도 어색하지 않을 사람들에게나 어울린다고 여겼었다. 그날 밤, 성령께서는 '더 이상 허무한 한숨을 노래로 불러내는 삶이 아닌 하나님 나라를 노래하는 삶을 살라'고 내게 명하셨다.

'우선 내가 이 앨범에 헌금을 하자!' 당시 통장에 있는 200만 원이 내가 가진 전부였다. 한 달 수입이 50만 원이 될까 말까 하는 상황이었기 때문에, 나에게는 대단한 결심이었다. 다음 날, 지난밤의 결심을 번복할까 싶어 아침 일찍 은행으로 향했다. 앨범 제작용 통장을 하나 만들고, 계좌 이체를 마치고 나서 기도를 드렸다. '주님이 채워주세요! 저는 제 전부를 드립니다.' 지금

---

* '부흥 한국'의 대표로서 분단된 조국을 가슴에 품고 하나님 나라를 꿈꾸는 너무나 귀한 싱어송라이터다. 1997년 발매된 「부흥」이라는 앨범은 한국 교회에 엄청난 반향을 일으킨 수작이다. 「부흥」, 「물이 바다 덮음 같이」 등 한국의 성도들이 사랑하는 수많은 노래들을 만들었다.

생각 해 보면 피식 웃음이 나오는 부끄러운 모습이지만 그것이 나에게는 하나님 나라를 향하여 첫 발자국을 떼는 시점이었다.

> 천국은 마치 밭에 감추인 보화와 같으니
>
> 사람이 이를 발견한 후 숨겨 두고 기뻐하며
>
> 돌아가서 자기의 소유를 다 팔아 그 밭을 사느니라
>
> 마 13:44

혼자서 흐뭇한 심정이 되어 나온 사무실에는 우현 형이 나를 기다리고 계셨다는 듯 너무나 반갑게 맞이하셨다.

"누가 헌금이라도 했냐?"

"아, 형…… 제가 제 앨범에 헌금 했어요. 그리고 통장 만들어서 오는 길이에요."

우쭐거림과 자랑스러운 미소가 부끄러운 줄도 모르고 실실 새어져 나왔다.

"그래. 그렇게 시작하는 거지!"

잠시 머뭇거리시더니 "통장 번호 불러봐. 오늘 아침에 기도를 하는데 성령께서 '도현이 앨범 만드는데 너도 300만 원 투자해라' 그러시는 거야. 그래서 '에이, 그건 너무 많습니다. 성령님

150만 원만 할게요' 그랬더니 성령께서 내 손을 움직이시면서 다리를 막 때리시는 거야. 성령님의 강권으로 나도 투자한다! 300만 원!! 힘내라!!" 형의 엉뚱하면서 귀여운, 마음 깊은 배려에 눈물이 나오려 하는 것을 간신히 참았다.

그 날 오후, 함께 일하던 동생 정근이가 "형, 어제 기도하는데 갑자기 감동을 주셔서, 이거 앨범 제작에 보태"라며 자신이 힘겹게 일하면서 번 돈 100만 원을 넣은 봉투를 눈물 글썽이며 쥐어주었다. 그리고 마치 서로 약속이라도 한 것처럼 버드나무 동생 요셉과 동석이가 자기들 형편도 넉넉지 않으면서 모은 돈 얼마를 앨범에 투자한다며 보태어 주었다. 나는 몰래 사무실 근처 놀이터로 나와 그네에 걸터앉아 큰 감격의 기도를 드렸다. "아버지 하나님 감사합니다! 만들어질 이 앨범을 통해서 하나님의 가장 기쁘신 뜻만 이루시기를 기도합니다. 저는 철저히 감춰주시고, 노래가 돌아다니며 성령님의 행하신 일을 전하게 해 주세요. 저처럼 한때는 하나님을 향한 열정으로 불타올랐으나 상처로 넘어지고 마음이 무뎌진 자들에게 친히 찾아가셔서 위로하시고 회복하여 주세요. 듣는 모든 이들이 하나님의 나라를 꿈꾸게 하는 그런 앨범이 되기를 기도합니다." 그날의 하늘빛은 하나님의 얼굴을 닮아 투명한 푸른빛이었다.

이렇게 저렇게 모아진 너무나 귀한 제작비, 750만 원. 사실 앨범 제작비용으로는 턱없이 부족한 돈이었다. 그러나 그러한 상황이 전혀 염려되지 않았다. 분명히 성령께서 친히 진행하실 것을 믿었다. 악기 연주를 했던 후배들은 세션비를 전혀 받지 않고 녹음에 함께했다. 적은 비용이라도 챙겨주려 해도 그들은 극구 받으려 하지 않았다. 오히려 함께 참여하는 것만으로 즐거워하고 기뻐하였다. 클라리넷 형준이, 해금 혜빈이, 가야금 슬기, 첼로 지연이, 바이올린 소연이, 기타 정근이.

버드나무 시절부터 늘 즐거운 마음으로 함께 연주하고 격려해 주었던 고마운 의리의 동생들이다. 앨범 작업은 어느 것 하나 어려움과 막힘없이 즐겁고 편안하게 진행 하였다. 앨범 제작비로 주어진 비용은 앨범이 발매되는 순간까지 남거나 모자라지도 않았다. 성령님의 역사하심이 이런 것이구나 하는 것을 경험하는 행복한 시간들이었다.

#5
하늘의
노래

새 노래들이 하늘로부터 쏟아져 나오기 시작했다. 마치 성령께서 친히 멜로디와 가사를 만들어 주시는 듯 했다. 그저 나는 그것을 주워 담아 노래로 만들면 되었다. 성령님, 보혈, 예수 이름의 능력, 충성 등 피상적으로 이해했던 성경의 핵심적 단어들을 노래로 재조명하게 하셨다. 성경과 많은 책들이 도움이 되었다.

R. A. 토레이 목사의 『성령론』, 김홍전 박사의 『성신님의 인도하심』, 앤드류 머레이 목사의 『보혈과 십자가의 능력』 등이었다.

성령님을 만나고 나서 유난히 어린 시절 참석했던 부흥회가 그리웠다. '성령' 하면 떠오르는 세련됨과는 거리가 멀지만 뜨겁고 정겨운 풍경이었다. 그 풍경을 노래 속에 표현하고 싶어 부흥회에서 자주 불렀던 찬송가의 어법을 이용했다.

"온 세상 날 버려도 주 예수 안 버려"
"이 몸에 무슨 소망 있나"

"예수는 나의 힘이요"

"성령이 오셨네 내 주의 보내신 성령이 오셨네"

익숙한 찬송가 가사에 새로운 멜로디와 편곡을 입힘으로 일종의 '낯설게 하기'를 시도했다. 또한 국악의 접목을 시도했는데 이전에는 국악은 궁상맞고 구식이라 여겼었으나 버드나무 시절 우연히 '대금' 연주를 직접 경험하고 나서 모든 선입견이 깨어졌다. 차갑고 인공적인 느낌의 컴퓨터 사운드와 해금, 대금 등 국악기의 따뜻하고 부드러운 사운드가 어울어졌고, 성령님을 표현하는 적절한 하모니를 이뤘다. 후에 이 앨범을 들은 어떤 이는 내가 국악을 전공한 사람이라고 생각했단다. 이러한 변화를 통해 그동안 추구해 왔던 도시적이고 세련된 사운드와는 전혀 다른, 새로운 느낌의 사운드가 나오기 시작했다.

「진리는 고독해도」라는 노래를 녹음 할 때는 동생 정근에게 낡고 거친 싸구려 기타로 연주해 달라고 부탁했다. 최춘선 할아버지의 "진리는 고독해도 날로 더욱 담대합니다" 하시는 고백을 가사로 만든 그 노래에는 낡고 거친 사운드가 어울린다고 생각했다. 앨범의 대표곡 「성령이 오셨네」를 작곡 할 때는 후렴 구절의 선율이 자연스럽게 떠올랐다. 사실 너무 뻔하고 세련되지

못한 선율이라 예전의 나라면 무시했을 선율이었다. 그래서 몇
날 며칠을 "성령이 오셨네" 하면 자연스레 떠오르는 '그 선율'
을 일부러 거부하며 다른 선율을 만들려고 노력했다. 하지만 성
령께서 "도현아! 이 노래에는 그 선율이 제일 어울린다. 다른 것
은 너무 매끈한 것 같은데⋯⋯." 하시는 듯 했다.

   1절을 완성한 다음날, 우현 형님과 연길에 위치한 '연변 과
기대'에 방문하게 되었다. 학교의 총장이신 김진경 총장님과 식
사하는 자리를 가졌다. 어르신과의 자리가 편할 리가 없던 지라
그저 빨리 그 시간이 끝나기만을 기다리며 조용히 한쪽 구석에
서 나누시는 이야기들을 듣고 있었다. 총장님께서 꼬깃꼬깃한
편지 한 장을 우리에게 주시며 읽어 보라고 하셨다.

   "이 편지는 얼마 전 탈북하신 할머니께서 쓰신 편지인데, 한
국 전쟁이 발발할 당시 대부분 사람들은 남한으로 피난을 했답
니다. 그런데 당시 다니시던 교회의 목사님께서 '우리가 어디를
가든지 성령께서 계신 곳이 참 자유가 있는 곳이지. 여기 있으
나 저 남쪽으로 가나 무슨 상관이 있겠는가?'라고 하셨답니다.
그 말씀을 들으시고는 믿음으로 고향에 남아 있기로 결심하셨
다네요. 지난 세월 동안 어려운 순간마다 성령께서는 기적적으
로 할머니와 가족들을 보호하셨고 어느 날 성령님의 '이제 남한

으로 탈출하라'는 음성을 듣고는 탈북을 하셨다는 겁니다."

'성령께서 계신 곳이야말로 참 자유가 있다. 억눌리고 갇힌 상황이 우리를 구속하는 것 같지만 그 어디든 성령께서 계신 곳에는 참 자유가 있다. 초막이나 궁궐이나 그 어디나 하나님 나라가 아니겠는가?' 그 이야기를 들으며 받은 큰 감동으로 나머지 2절의 가사를 만들었다.

억눌린 자 갇힌 자
자유함이 없는 자
피난처가 되시는 성령님 계시네
주의 영이 계신 곳에 참 자유가 있다네
진리의 영이신 성령이 오셨네

앨범은 조용히 발매 되었다. '세계 최고, 국내 최고의 초호화 세션들이 참여한' 투의 화려한 수식어도 없던 앨범. 앨범 재킷은 그저 은색 바탕에 시뻘건 글씨로 휘갈겨 쓴 것이 전부인, 촌스럽기 그지없는, 눈에 잘 띄지 않는 모습으로 매장에 진열되었다. 하지만 성령께서 친히 알리시기 시작했다. 기도했던 대로 '노래가 스스로 다니며' 성령님의 역사를 전달하였다. 홍보를

한 것도 아닌데……. 인간의 전략으로는 도저히 할 수 없는 일
들이었다.

> 여호와께서 이와 같이 말씀하시되
> 지혜로운 자는 그의 지혜를 자랑하지 말라
> 용사는 그의 용맹을 자랑하지 말라
> 부자는 그의 부함을 자랑하지 말라
> 자랑하는 자는 이것을 자랑할지니
> 곧 명철하여 나를 아는 것과
> 나 여호와는 사랑과 정의와 공의를 땅에 행하는 자인 줄
> 깨닫는 것이니라
> 나는 이 일 기뻐하노라 여호와의 말씀이니라
>
> 렘 9:23-24

　내 노력으로 된 것은 하나도 없었다. 오직 성령께서 일하시
고 그 작업을 통해서 성령 하나님을 알게 되는 작업이었다는 것
을 마음껏 자랑하고 싶다. 지금은 한국의 웬만한 교회에서 이
노래를 부르고 성령님의 역사를 경험하고 있다. 심지어는 이웃
나라 일본까지 번역 되어져서 불리고 함께 찬양하는 풍경을

보면 여전히 신기하고 놀랍기만 하다.

#6
내려놓음

　나를 오래 전부터 알고 있던 주변의 찬양 사역자 선후배 동료들은 나의 이러한 변화에 다들 너무나 놀라는 눈치였다. 어떤 선배는 농담으로 "도현이가 변한 것을 보니 성령님께서 살아 역사하시는 것이 맞구나"라고 했단다.
　기존의 나의 음악들을 좋아하던 사람들은 바뀐 음악 스타일과 가사에 매우 실망하였다. 컴퓨터로 프로그래밍 된 조악한 악기 소리들. 노골적으로 신앙의 경향성을 드러낸 가사들. 저예산으로 급조하여 만든 것 같은 앨범 재킷. 내가 그동안 추구해 왔던, 경향성을 극도로 절제하고 삶의 소소한 이야기를 담은 가사. 함께 부르기 어렵지만 세련되게 표현한 선율들. 그것을 모두 저버린 듯 여겨지는 나의 행보가 이상하다고 생각했던 것 같다. 자신만의 색깔을 가진 무명의 기독 음악인 생활에 지쳐 결국에는 쉽고 대중적인 기독교 음악을 택한 선배로 생각하는 후배들도 있었다. 일종의 타협이자 변절이었다.

공교롭게도 당시 교계에서는 그 다음 해 있을 '평양 대부흥 100주년'을 맞아 떠들썩하게 무언가를 준비하고 있던 시기였다. 그 시기에 맞추어 그 모든 상황들을 염두해 두고 만든 앨범인 것처럼 여겨지기도 했다. 하지만 그 앨범은 시류를 읽어내고 필요에 따라 만들어진 것이 아니었다.

> 너희 안에 행하시는 이는 하나님이시니 자기의 기쁘신 뜻을
> 위하여 너희에게 소원을 두고 행하게 하시나니
>
> 빌 2:13

하나님은 그 분의 기쁘신 뜻을 이루시기 위하여 각자 '소원' 을 두고 행하게 하신다. 하나님께서 '소원'을 주셨을 때 끝까지 면밀하게 살피고 하나님의 기쁘신 뜻이 무엇인지 구하며 움직이는 사람이 많지 않다. 하나님은 늘 그러한 사람을 찾으시고 하나님을 사랑하는 진실 된 자들을 위하여 예비하신 유업을 주시길 기뻐하신다.

그런 것을 사역 아이템과 유행 정도로만 여기는 우리의 태도 와 시선이 문제인 것이다. 나의 틀과 가치관을 고집해서는 결코

하나님께서 주신 유업을 받을 수 없다. 내가 옳다고 여기는 생각을 내려놓지 않고서는 하나님의 깊은 것을 볼 수 없다.

#7
관계의
회복

성령께서는 앨범 발매 후 그동안 내가 격절했던 관계들을 회복시키셨다. 음반이 막 발매 되었을 때 유난히 생각나던 사람이 있었다. 20대 시절 음악적으로 큰 영향을 주었던 최덕신 형님이었다. 형은 그간 많은 불미스러운 일들로 많은 어려움을 겪어왔다. 먹고 살기조차 힘드셨다. 그러한 그에게 성령님은 까마득한 후배를 보내 '감히' 격려의 메시지를 전하셨다. "이번에 나온 앨범은 아무리 들어봐도 형님에게 받은 음악적 영향이 큽니다. 형님, 너무 고맙습니다!" 그 말은 내가 제자로서 꼭 하고 싶은 말이기도 했다. 다른 사람들과의 관계도 하나하나 회복되기 시작했다. 나에게 상처를 주었던 존재에게까지 직접 찾아가라고 하셨다. 그 명령에 순종 했을 때 나의 마음 가운데 있었던 '내 삶이

초라하고 허무하게 어그러진 데에는 당신들의 탓이 큽니다' 식
의 미워하고 원망했던 굳은 마음들이 눈 녹듯이 사라지는 경험
을 했다.

> 그 영을 따라 행하는 우리에게 율법의 요구가 이루어지게 하심이니라
>
> 롬 8:4

> 너희 원수를 사랑하며 너희를 박해하는 자를 위하여 기도하라
>
> 마 5:44

이전에는 아무리 노력을 하고 인간적 의지로 하려 해도 되지
않던 것들. 내 개인적 감정의 영역이라고만 여겼던 부분조차 말
씀에 순종했을 때 아름답게 바꾸시는 것을 경험하였다. 그렇게
진리의 성령께서는 나의 삶과 관계들을 회복시키셨다.

유대 광야

광야, 말씀이 있는 곳.
아버지의 얼굴이 있는 곳.
하나님께 예배 드리는 곳.

©Noma Jongchul Kim

가장 기쁘신 뜻,
나가노

지금 내가 일본을 향하여 나아가게 된 것은
작은 질그릇 같은 순종으로 허락된 일이다.

너희는 이 세대를 본받지 말고
오직 마음을 새롭게 함으로 변화를 받아
하나님의 선하시고 기뻐하시고
온전하신 뜻이 무엇인지 분별하도록 하라

롬 12:2

1

나가노에서
온 편지

일본의 나가노라는 낯선 곳에서 '순자'라는 촌스러운 이름의
자매가 편지를 보내왔다. 우현 형의 책,『팔복 – 가난한 자는 복
이 있나니』를 읽고 큰 감동을 받았다는 내용이었다.

나가노는 일본 대도시의 술집에서 일하다가 나이 들어 퇴물
취급을 받는 여인들이 막장(莫場)처럼 가게 되는 일본에서도 매
우 외진 곳이다. 순자 자매는 나가노의 한 작은 미장원에서 일
을 하며 번 돈으로 충청도의 한 장애인 공동체를 후원하고 있었
는데 그 공동체의 목사님께서 고마운 마음에 우현 형의 책을 선

물로 보내주었다. 그 책을 읽고 감동을 받은 순자 자매는 자신과 같이 외롭고 서러운 삶을 살고 있는 나가노 여인들에게 형의 책을 나누고 싶다는 내용의 편지를 보낸 것이다. 나에게 그러한 내용의 편지가 왔다면 '동정심을 자극하며 공짜를 바라는, 대꾸하기 귀찮은 내용의 편지' 정도로 여겼을 것이다.

형은 그날 아침, "아버지! 당신의 가장 기쁘신 뜻을 이루는 우현이가 되고 싶습니다! 오늘 아버지의 가장 기쁘신 뜻을 보여주세요. 제가 그것을 구하고 따르겠습니다!"라는 기도를 하셨다고 한다. 그리고 사무실에 왔는데 그 기도의 응답처럼 나가노에서 편지가 왔다는 것이다. 나의 체질대로 반응하면 그냥 무심히 스쳐 지나갈 수도 있었을 일들이 '그날 하나님께서 가장 이루시기를 원하는 뜻'이 될 수 있다는 사실은 정말 충격이지 않은가? 형은 동생들을 다그쳐서, 형의 책들은 물론 아직 제대로 발매도 안 된 나의 2집 앨범까지 한 상자 가득 차고 넘치게 보냈다.

주라 그리하면 너희에게 줄 것이니
곧 후히 되어 누르고 흔들어 넘치도록 하여
너희에게 안겨주리라

저희가 헤아리는 그 헤아림으로

너희도 헤아림을 도로 받을 것이니라

눅 6:38

함께 주님의 뜻에 순종했던 우리는, 그 일로 인하여 이후 삶에 얼마나 큰 일이 일어나게 될지 미처 알지 못했다.

#2

질그릇 같은
순종

당시 형과 나는 연길에 위치한 연변 과기대를 자주 방문했었다. 평양에 과기대를 세우는 일에 형의 영상 작업이 필요하여 가기 시작했다. 그 후 여러 가지 일들로 연길을 방문해 오고 있었다.

2006년 초여름, 연길에 방문한 우리는 한족과 조선족 자매들과 교제하고 예배드리는 시간을 가졌다. 중국에서는 한족과 조선족이 함께 예배를 드리는 것은 법적으로 금지되어 있던 상황이라 비밀스러운 예배 처소를 찾았다. 연길 시내에 위치한 한 삼자(三自)교회 지하 교육관에 모여 예배를 드렸다.

성령께서는 한족과 조선족 자매들 안에 있는 깊은 상처들을 어루만지시고 치유하셨다. 그저 함께 찬양하고 예배를 드렸을 뿐인데, 그들 안에 있는 깊은 어두움과 서러움들이 사라지고 치유되는 풍경을 보았다.

놀라운 일은, 그 시각 우리가 모인 곳에 갑자기 공안(公安)이 들이닥쳐서 교회 곳곳을 검문했는데, 우리는 그것도 모르고 뜨겁게 찬양과 기도를 드렸음에도 우리가 있는 공간은 그냥 지나쳐 갔다는 것이다.

한국으로 돌아오는 비행기 안, 성령께서 주신 생각이 있어 우현 형에게 조심스럽게 나누었다. "형, 이번에 연길에서 있었던 성령님의 역사처럼, 우리가 나가노에 있는 그 자매님들을 찾아가면 좋겠어요. 함께 찬양하고 예배하면 동일한 성령님의 역사가 있을 거 같아요." 평소 나답지 않은 말을 하고 있었다. 워낙 낯선 곳에 가는 것을 어려워하는 내가 나가노 변방의 여인들을 만나러 가자고 하다니 그것은 성령께서 주신 마음이 분명했다.

2006년 8월, 우리는 나가노로 향했다. 나고야 공항에 마중

나오신 L 선교사님은 벌건 얼굴에 머리가 살짝 벗겨지신 순박한
모습이셨다. 편지를 보낸 순자 자매가 출석하는 교회의 담임 목
사님이셨다. 우현 형, 형수, 지우, 정근이와 나. 그곳에 선물할 목
적으로 구입한 건반악기와 각자 짐을 싣고 나니 7인승 차가 비
좁게 느껴졌다. 규정 속도로 느릿느릿 운전하시는 선교사님의
차를 타고 나가노로 향하는 길, 선교사님은 나가노의 상황들과
자신의 사역에 대한 이야기를 해 주셨다. "나가노는 더 이상 갈
데 없는 이들이 모이는 곳이지요." 도대체 어떤 곳이길래 갈 데
없는 이들이 모인 곳이라 하실까? 성령께서 주신 마음에 순종하
여 온 곳이지만 내 체질로는 은근히 부담스러운 말이었다.

　"새벽이 되어서 일이 끝나는 여자들이 택시를 타기도 어렵
고, 그들에게 겨울에 생강차도 직접 끓여서 주고, 차도 태워 주
며 조금씩 주님의 사랑을 전하고 있지요. 얼마 전 술집에서 일
하는 한 자매를 이 차에 태워 집까지 바래다 주었는데, 차에 늘
찬송을 틀어 놓는데, 그 나이든 자매가 좀 꺼 달라며 고개를 창
밖으로 돌리는 것입니다." 선교사님이 사역하는 도구리(千谷) 지
역은 나가노 시에서 조금 떨어진 시골 마을인데, 나가노시와 그
곳의 유흥업소에서 일하는 자매들을 품고 선교사로 섬기고 있
었던 것이다.

선교사님이 말을 이었다. "종교가 다른가 보다 하고 껐지요. 며칠 후 다시 그 자매를 태웠는데, 다시 찬송을 꺼 달라고 하는 겁니다. 창밖만 바라보던 자매가 고개를 돌렸는데 얼굴에 눈물이 가득했습니다. 그리고 하는 말이 '목사님, 제가 옛날에 성가대 지휘자였어요'라는 거에요." 충격적이었다. 성가대를 지휘하던 자매가 어떻게 이런 낯선 곳에서 술집을 다니고 있는가?

"사연을 들으면 너무나 충격적인 얘기들이 많습니다. 전에 교회를 다니던 자매들은 물론이고, 목회자의 자녀들도 있습니다." 상상 조차 못했던 사연과 상처들이 모인 곳이 나가노인 것을 선교사님도 뒤늦은 나이에 헌신하여 와 보고 알았다는 것이다.

나가노 도구리 지역에 도착 했을 때는 이미 날이 저물어 어두웠다. 마련 해 주신 숙소에서 첫날밤을 보내고 맞은 다음날. 피곤했을 법도 한데, 처음 경험한 일본 다다미의 은은한 풋내에 마음이 들떴는지 아침 일찍 눈이 떠졌다. 숙소 주변을 산책하며 둘러본 나가노 도구리시의 풍경은 정말 아름다웠다. 공기는 너무나 맑았고, 산이 병풍처럼 둘러진 마을 풍경은 지금도 눈에 선하다. 길거리에 버려진 쓰레기 하나 없이 정돈된 것 하며, 집집마다 자그맣고 소박하게 꾸며놓은 화단하며 고양이들이 서로

그르렁대는 풍경마저도 신기하고 재미있었다. 너무나 아름답고
평화로운 곳이었다. 선교사님의 이야기를 들으며 상상했던 변
방의, 막장 인생들이 머무는 황량한 풍경이 아니었다. 선교사님
은 우리에게 아침식사를 대접하신다며 다방으로 데리고 가셨
다. 토스트, 커피 및 간단한 경양식도 겸하는 곳이었다. 우리네
70년대 다방의 풍경이 고스란히 보존되어 있는 듯 했다. 커다란
어항 안에 노니는 금붕어들, 테이블에 놓인 커다란 성냥, 동전
을 넣고 띠에 따라 그날의 운세를 볼 수 있었던 물건, 설탕을 넣
은 따뜻한 우유. 잠시 추억에 잠기어 식사가 나오기를 기다리며
두리번거리는데 건너편 테이블에 젊은 여자와 나이가 지긋한
중년의 남자가 앉아 있었다. 그 모습이 묘해서 자꾸만 쳐다보게
되었다. 가만히 살펴보니 다른 테이블에도 그렇게 젊거나 조금
은 나이든 여인과 중년의 남자들이 어색하게 마주앉아 아침 식
사를 하는 것이었다.

선교사님이 설명 해 주셨다. "저 여인들은 직업 여성이예요,
하룻밤을 함께 보내고 저렇게 여기 나와 아침을 먹는 거랍니다.
이게 나가노의 진실이죠." 아름다운 풍경 안에 잠시 풀어진 마
음이 다시금 긴장 되었다.

교회는 주택가 대로변에 위치한 작은 곳이었다. 하나 둘씩

예배를 드리러 오는 성도 대부분은 자매였다. 삶의 고단함이 고스란히 묻어나는 화장기 없는 얼굴들. 거칠고 갈라진 목소리로 부르는 찬양. 그 모습들이 낯설고 서러웠다. 점점 찬양과 기도가 깊어지면서 그 낯설음은 사라지고 성령님의 만지심이 시작되었다.

8월의 뜨거운 나가노, 에어컨도, 선풍기도 없는 작은 예배실. 이웃에 방해라도 줄까봐 창문과 문을 꼭꼭 닫은 탓에 땀과 눈물로 범벅이 된 우리들. 어린 6살 소녀 지우조차 더위를 참으며 예배에 집중하고 있었다. 성령님은 우리를 하나로 묶으셨다. 각자의 처지와 상황은 잊고 오로지 성령의 하나 되게 하심을 뜨겁게 경험하였다. 예배 후, 시내가 내려다보이는 산 정상에 위치한 노천 온천에서 나른한 여름 저녁 햇살을 맞으며 맛본 온천욕은 정말 최고였다. 3박4일의 짧지만 뜨거운 일정을 마치고 돌아온 우리의 마음 안에는 일본을 향한 하나님의 마음이 가득 부어져 있었다.

형은 나에게 "넌 이제 일본의 영적인 한류가 될 거다!"라고 하셨다. 갑자기 왜 극찬을 하시나 싶어, 피식 웃는 나에게 "이건 내가 하는 칭찬이 아니라 성령께서 너에게 명하시는 거야!"라고 하셨다. 그 후 우리는 4번에 걸쳐 나가노를 방문하였다. 한번은

200여 명이 넘는 이들이 함께 방문하여 예배드리는 일도 있었
다. 그 안에서 크고 작은 역사들과 하나님의 큰일을 꿈꾸게 하
셨다.

　지금 내가 일본을 향하여 나아가게 된 것은 작은 질그릇 같
은 순종으로 허락된 일이다. 순종 가운데 만난 나가노는 그 분
의 가장 기쁘시고 선하시고 온전하신 뜻을 보이신 작은 보석 같
은 곳으로 남아있다.

생존법

나는 가수가 아니다.
유명인도 아니고,
능력이 뛰어난 사람도 아니다.

그저 음악을 좋아하고
내 안에 생각되어지는 것들과
아버지께서 주신 생각과 말씀들을
노래로 만들고 입으로 부르는 사람이다.
두려움이 많고,
걱정도 많으며,
염려가 많고,
한숨이 많은 사람이다.

당당히 앞에 서서 노래를 하고
말씀을 나누는 모습은
나의 진정한 모습이 아니다.

그저 내 안에 계신 성령께서
나를 이끄셔서 그렇게 서 있을 뿐이다.
그 무대에서 내려오는 순간,
난 그저 연약하고 추하고 가여운 모습을 감추느라 애쓰는
그냥 인간일 뿐이다.

나는 모든 사역적 요구에 응할 수 있는 사람이 아니다.

그것이 자신들이 생각하기에 아무리 명분이 뚜렷하고
많은 사람들이 보기에 대단해 보이는 일일지라도
내 아버지께서 보시기에
기뻐하시고 선하신 온전한 뜻이 아니면
그것에 응하지 못한다.

이것은 잘난 척이나
나를 구별되게 하는 무엇이 아니다.

내 절박한 생존법이다.

자아와의
전쟁

이 정도의 삶이 성령께서 오신 후의 삶이라면
너무나 뻔하고 재미 없다는 생각이 들었다.

#1
여전한 내
옛 사람

찬양「성령이 오셨네」는 조금씩 세상에 알려지기 시작했고, 많은 사역을 소화해내야겠기에 무척 바쁜 시간들을 보냈다. 30 대 중반, 먼 길을 돌아 본격적으로 찬양 사역을 다시 시작하는 나에게, 모든 사역들은 익숙지 않았고 내 체질이 지향하던 방향과는 너무나 달랐다. 하지만 사역이라는 이름으로 할 수 있는 것이라면 물불을 가리지 않고 열심히 임했다. 허무하고 무력하게 흐르던, 긴 겨울 같은 과거의 시간들로 다시는 돌아가고 싶지 않았다. 더 이상 인생을 허비하고 싶지 않았다. 뒤늦은 나이에 하나님께서 나를 써 주신다는 사실에 감격하고 있었다.

한편으론 내가 이러한 일들을 감당할 만큼의 성숙함을 지니고 있는지에 대한 의구심이 들곤 했다. 또한 노래 한 곡으로 완전히 변한 듯한 김도현. 주변에서 요구하는 '찬양 사역자 김도현'으로 살아내야 한다는 부담감이 컸다. 성령께서 만지시고 회복하셨다지만 단시간에 완전히 다른 체질의 인간이 되는 것은 불가능했다. 내 안의 여전한 연약함과 더불어 주변에서는 늘 무언가 부족하다는 평이 들려왔다.

"더 깊이 하나님 나라를 추구해야 한다."

"너를 뛰어넘어서 더 본질적이고 근원적인 하나님 나라를 추구해야 한다."

나를 사랑하고 깊이 기도해 주시는 분들의 충고와 기도였다. 나도 미처 알지 못하는 내 안의 음험한 욕망과 치명적 단점들이 들킨 것 같은 느낌이 들곤 했다. 여전한 내 옛 사람이 더욱 강화되어 한동안은 무기력증에 걸리기도 했다.

'왜 나만 갖고 그러는 거지?'

'나도 열심히 하는데 도대체 뭘 어쩌라는 건지!'

그럴 때 마다 주어진 사역을 열심히 하는 것으로 주님을 향한 열정을 표현하려고 했고 주어진 사역을 열심히 하는 것이 최선이라고 생각했다. 나의 노래를 듣고 사람들이 변화되고 있다는 사실을 열매라고 여겨졌고 충분히 사명을 감당하고 있다고 생각했다.

베드로가 예수를 붙들고 항변하여 이르되

주여 그리 마옵소서

이 일이 결코 주께 미치지 아니하리이다

예수께서 돌이키시며 베드로에게 이르시되

사탄아 내 뒤로 물러 가라

너는 나를 넘어지게 하는 자로다

네가 하나님의 일을 생각하지 아니하고

도리어 사람의 일을 생각하는도다 하시고

이에 예수께서 제자들에게 이르시되

누구든지 나를 따라오려거든

자기를 부인하고 자기 십자가를 지고

나를 따를 것이니

누구든지 제 목숨을 구원하고자 하면 잃을 것이요

누구든지 나를 위하여 제 목숨을 잃으면 찾으리라

사람이 만일 온 천하를 얻고도

제 목숨을 잃으면 무엇이 유익하리요

사람이 무엇을 주고 제 목숨과 바꾸겠느냐

마 16:22-26

베드로 사도는 얼마나 서운했을까? 다른 말도 아닌 예수님을 위하여 자신을 희생해서라도 예수님의 죽음을 막겠다는 말에 예수님께서는 단호하게 "사단아 물러가라!"하셨으니 말이

다. 사람의 일과 하나님의 일에 대한 기준이 애제자인 베드로와
예수님은 서로 달랐다. 예수님의 기준은 늘 하늘 아버지의 기쁘
신 뜻에 있었다.

모두가 훌륭하게 인정받을 만한 업적을 이루었을지라도 자
신을 부인하지 않고 나아가는 삶은 결국 죽음이라는 것이다. 자
기를 부인하지 않으면 하나님의 일을 이루지 못한다. 자아를 부
인하지 않는 자는 '사람의 일', 사단이 준동하는 무서운 일에 동
참하게 된다.

내 현실은 나의 미성숙함과는 상관없이 노래는 유명해졌고
'잘 나가는 찬양 사역자'로서, 많은 이들이 인정하는 자리에 서
있느라 정신이 없었다.

#2
하나님의 기준,
사람의 기준

성령께서는 나를 수많은 곳으로 보내시고, 많은 것을 보게
하시고, 많은 사람들을 만나게 하셨다. 그러나 나의 시선은 하나

님께서 원하시는 것이 무엇인지 감지하지 못하고 언제나 나 자신, 내 문제에 머물러 있었다. 함께 동역하는 우현 형은 어느 곳에 가든 늘 '하나님 아버지의 기쁘신 뜻'이 무엇인지 구했다. 주변의 환경은 아랑곳하지 않고 '아버지의 기쁘신 뜻'에만 집중했다. '사람이 어떻게 저렇게 살 수 있는가?' 반면 나는 조금이라도 환경이 불편하고 인내가 필요한 상황이 찾아오면 얼굴 표정까지 어두워지곤 했다.

내가 좋아하고 익숙한 환경에 좋은 사람들과 함께 할 때는 별 문제가 없지만 모임의 사람들 중 나의 체질과 안 맞는 사람들이 있으면 유난히 힘들어 했다. 그 사람과의 만남을 통해서 하나님께서 이루시고자 하는 것을 알려고 하지 않았다. 늘 다양한 사람들을 받아들이고 함께하는 우현 형과의 동역이 언제부턴가 힘겹게 느껴지기 시작했다. 나의 그러한 모습을 우현 형은 늘 안타깝게 여기셨다.

한번은 형이 나에게 "너의 그러한 생각과 체질로는 도저히 하나님 나라를 품을 수 없다. 도대체 언제까지 그 모양으로 살거냐?"라며 호통을 치셨다. 그 말이 무척이나 서운했다. 나에게 한 번도 그런 식으로 화를 내신 적이 없던 형의 말인지라 더욱 그러했던 거 같다. 형과의 관계는 점점 서먹해지기 시작하였다. '그래, 형과 나는 체질적으로 너무 달라! 형은 영상을 하시는 분이고. 나는 음악을 하는 사람이니 어차피 함께 동역하는 것은 무리인지도 몰라.'

2007년 봄, 하나님의 큰 뜻을 구하며 메릴랜드, 뉴욕, 피츠버그를 순회하는 중요한 여행이 내가 가장 크게 실족하는 여행이 되었다. 한국과 미국에서 모인 20여명의 청년들이 동부의 부흥을 놓고 기도하며 여행에 함께 하였다. 다들 성령님의 인도하심에 예민하고 기민하게 반응하고 있을 때, 나는 다른 것에 예민하고 기민하게 반응하였다.

오랜 방황을 하던 동석이가 방언을 하던 감격스러운 순간에도, 폭설을 뚫고 피츠버그로 향하여 달리던 12시간의 장시간 여행에서도, 수많은 젊은이들이 하나님의 임재에 기뻐 뛰며 찬양하는 순간에도 나의 관심은 늘 나의 마음 상태에 머물러 있었다. 시차적응이 되지 않던 여행 초기, 함께 동행한 목사님들과 주변 사람들의 행동이 늘 거슬렸다. 밤잠을 설치며 숙소에 모여 교제하는 모습들이 왜 그렇게 눈에 거슬렸는지. 모두들 성령님의 손길에 자신을 맡기며 찬양과 기도로 감격의 시간을 보내던 예배 시간. 나는 '왜 정해진 시간까지 어겨가며 무질서하게 집회를 진행하는지?'라고 여기며 한없이 불편해 하고 있었다. 뉴

욕의 거리를 오가며 성령께서 인도하시길 간절히 기도하며 걷
는 지체들 틈에서도 '예술과 문화의 중심지에서 영적 과민 반응
을 보이는 광신도들'로만 보여 불편했다. 모든 판단 기준이 '나'
였다. 하나님께서 무슨 일을 하고 계시는지 보지를 못했다. 그저
불편함과 어색함으로 1주일간의 미국 동부 여행을 마무리 했다.
여행에서 돌아온 일행들은 각자 풍부한 영적 열매들을 안고 돌
아왔다. 반면 불평과 악평으로 가득했던 나에게는 시간 낭비, 돈
낭비의 여행일 뿐이었다.

온 회중이 소리를 높여 부르짖으며 백성이 밤새도록 통곡하였더라

이스라엘 자손이 다 모세와 아론을 원망하며

온 회중이 그들에게 이르되

우리가 애굽 땅에서 죽었거나

이 광야에서 죽었으면 좋았을 것을

어찌하여 여호와가 우리를 그 땅으로 인도하여

칼에 쓰러지게 하려 하는가

우리 처자가 사로잡히리니

애굽으로 돌아가는 것이 낫지 아니하랴

민 14:1-3

이스라엘 백성들은 400년 전 아브라함에게 약속하신 땅을 정탐하고 온 자들의 비관적인 말을 듣고서 불평과 원망을 늘어 놓았다. 하나님께서 무엇을 하실 지에는 관심이 없었다. 하나님 의 약속을 기억하지 못하고, 믿지 않았다. 온통 자신의 눈으로 보고 들은 것만을 붙잡고 믿으며 그것을 모든 판단의 기준으로 삼았다. 결국 그들은 하나님께서 예비하신 약속의 땅에 들어가 지 못했다. 광야에서 40년을 방황하다 허망하게 죽어갔다. 하나 님의 일을 사람의 기준으로 판단하기 시작하면 한없이 이해가 안 되고 오히려 불평과 불만이 가득하기 시작한다. 그 원리를 알지 못하던 나는, 모든 원인은 외부에 있다고 생각했다.

#3

격절

모든 사람과 더불어 화평함과 거룩함을 따르라

이것이 없이는 아무도 주를 보지 못하리라

너희는 하나님의 은혜에 이르지 못하는 자가 없도록 하고

또 쓴 뿌리가 나서 괴롭게 하여

많은 사람이 이로 말미암아 더럽게 되지 않게 하며

음행하는 자와 혹 한 그릇 음식을 위하여

장자의 명분을 판 에서와 같이 망령된 자가 없도록 살피라

히 12:14-16

    미국 여행에서 돌아온 우현 형은 '방언에 대하여 나누라'는 성령님의 명령에 순종하였다. 규장 출판사의 전 직원이 모여 방언을 받던 감격스러운 순간에 나도 함께 있었다. 나에게는 그 모습들이 아름답게 보이지 않았다. 그저 광신적 반응이라는 생각이 떠나질 않았다. '군이 저렇게 하여야만 하는가?' 한번 엇나간 나의 마음은 계속해서 어긋나기 시작했다.

    결국 형이 『하늘의 언어』를 출간 했을 무렵, 나는 형과의 동역을 그만두기로 결심하였다. 형은 나의 그러한 모습이 너무나 안타까워했지만 어쩌지 못하셨다. 그렇게 버드나무 때부터 오랜 기간 함께 하였던 우현 형과 2년이라는 적지 않은 기간 동안 격절하며 지내게 되었다. 그 이후 형은 일본과 이스라엘을 향하여 나아갔다. 나 또한 주어진 사역에 열심히 임했고 음악회를 열어 뮤지션으로의 부르심에 반응했다. 세계 이곳저곳을 다니며 청년들을 만나고 그들과 교제하였다. 나의 노래와 사역은 점

점 더 알려지기 시작했다. 그러던 중에도 가끔 형의 소식을 들었다. 하나님께서 놀랍도록 역사하신다는 소식에 묘하게 조바심을 내곤 했지만 그럴 때마다 '사명은 각자 각자'라는 말로 위안을 삼곤 했다.

여전히 나는 사람들과의 관계로 힘겨워 했다. 개척교회에 리더로 있으면서 무언가 더 낮고 진실한 풍경으로 들어가고자 노력도 해보았다. 하지만 어느새 나의 인간적 기질로 인해 힘겨워하였다. 사람들과의 관계에 얽매여 하나님이 뜻하신 바를 이루는데 늘 발목이 잡히곤 하였다. 모든 문제가 상대방에게 있다고 여겼다. 많은 일들을 도모하였지만, 늘 지치고 힘들었다. '하나님께서 크게 쓰시는 사역자'라는 말을 듣곤 했지만, 나의 내면은 갈등이 끊이지 않았다. 무언가 잘못되어가고 있는 것 같은데 구체적으로 그것이 무엇인지를 몰랐다.

한편, 성령께서 주신 일본을 향한 마음에 반응하며 일들을 도모했다. 노래를 일본어로 번역 했지만, 정작 일본어 앨범 제작은 여러 가지 상황으로 완성되지 못하고 있었다. 쓰임받고 있는 느낌이 들 정도로 바빴지만 마음에 충일감이 없는 상황이었다. 내가 '이렇게 살려고' 하나님께서 부르신 것이라면, 이 정도의 삶이 성령께서 오신 후의 삶이라면 너무나 뻔하고 재미없다는 생각이 들었다.

> 그런즉 누구든지 그리스도 안에 있으면 새로운 피조물이라 이전 것
> 은 지나갔으니 보라 새것이 되었도다
>
> 고후 5:17

이전 것이 지나갔다고 하셨으나, 나는 다시 예전의 구태의
연한 삶으로 돌아가고 있다는 생각이 들었다. 인정하기 싫었지
만, 뭔가 새로운 열매를 맺지 못하고, 그저 노래 한 곡으로 여기
저기 돌아다니며 그것으로 연명하고 있다는 느낌을 지울 수 없
었다.

통곡의 벽 앞 유대인
©Noma Jongchul Kim

하 나 님 의   말 씀 은   영 원 히   서 리 라

PART 3

일어나라
이스라엘

Shalom

내니 두려워 말아라

#1

이스트 윈드

> 바람이 거스르므로 제자들이 힘겹게 노 젓는 것을 보시고
>
> 밤 사경쯤에 바다 위로 걸어서 그들에게 오사
>
> 지나가려고 하시매
>
> 제자들이 그가 바다 위로 걸어오심을 보고
>
> 유령인가 하여 소리 지르니
>
> 그들이 다 예수를 보고 놀람이라
>
> 이에 예수께서 곧 그들에게 말씀하여 이르시되
>
> 안심하라 내니 두려워하지 말라 하시고
>
> 막 6:48-50

2009년 11월 늦가을에서 초겨울로 넘어가는 길목, 예술의 전당 근처에 위치한 우현 형 사무실, 이스트 윈드로 가는 길은 무척 낯설었다. 한동안 격절하며 지냈던 우현 형. 며칠 전부터 계속 기도 중에 성령께서는 '김우현 감독과 함께 다시 동역을 하여라. 그를 통해서 네가 나아갈 다음 스텝을 보여 줄 것이다' 라는 마음을 주셨다. 뭔가 맛난 먹을거리라도 사 들고 가야겠다

는 생각에 근처 제과점에 들러 조각 케이크 몇 조각을 샀다.

이스트 윈드 사무실은 버드나무 시절에는 못 봤던 낯선 친구들이 함께 일을 하고 있었다. 어색하게 그들과 눈인사를 나누고 사진 찍는 요셉이에게 다가가 어깨 한번 주무르는 것으로 내 어색한 마음을 풀어보았다. 우현 형은 컴퓨터 앞에 앉아 무언가 몰두하며 글을 쓰고 계셨다. 익숙한 형의 넓은 등. 왠지 늘 혼자 큰 짐을 짊어지고 가는 것 같은 모습이 애잔했는지 버드나무 시절 형의 어깨를 자주 주물러 주곤 했다.

"형…… 저 왔어요!"

한참을 몰두하던 글쓰기가 피곤하셨는지 마른세수를 하시곤 잔뜩 잠긴 목소리로 나를 맞았다.

"어, 그래 왔냐?"

"잘 지내셨어요? 케이크 사왔으니까 좀 드세요."

버드나무 시절, 먹을 것이 생기면 양이 많건 적건 늘 빙 둘러앉아 즐겁게 이런 저런 이야기를 나누다 보면 사무실 안은 금방 생기가 돌았던 기억이 있다. 자그마한 몇 조각의 케이크 앞에 모여 앉으니 어색함이 조금은 가셔지는 듯 했다.

"새로운 앨범 만들고 있다면서 잘 되고 있냐?"

"네. 열심히 하고는 있는데…… 이상하게 컨셉이 잡히지를

않네요. 형, 저에게 영감 좀 불어 넣어 주세요." 애교 섞인 어색
한 농에 형은 희미하게 웃었다.

"조만간 이스라엘에 가는데 같이 갈래?"

"아, 이스라엘이요? 가면 좋죠. 한번 생각해보고 결정할게요,
형." 강하게 권유하시지는 않았지만 어떤 확신 같은 것이 느껴
져 쉽게 거부하지 못했다.

형은 사무실을 나서는 나에게 책 한 권을 쥐어주시며 "이
책 한번 읽어봐라. 중요한 부분은 내가 이미 다 밑줄 그어 놓았
으니까, 그것만 읽어도 정리가 잘 될 거야." 돈 핀토라는 미국
의 목사님*이 쓰신 『당신의 백성이 나의 백성이 되고』라는 책이
었다.

여호와의 말씀에 이스라엘은 내 아들 내 장자라

출 4:22

이스라엘은 나에게 관심이 있고 없고의 문제가 아닌, 아무
런 느낌이 없는 지도상 어디에 있는지도 모르고 알고 싶지도 않

---

* Don Finto. CCM 아티스트 마이클 W. 스미스가 출석하는 교회의 담임 목사이자 멘토라고
  알려져 있다.

은 관심 밖의 나라였다. 온통 나의 관심은 나의 '삶과 사역'이었다. 그즈음 나는 많은 고민과 번민에 싸여 있었는데, 그 중에서도 다음 사역의 방향성 때문에 많은 한계 상황에 처해 있었고 진행하고 있던 새로운 앨범의 콘셉트가 잡히지를 않아 고민하고 있었다. 또, 내 온 맘과 영이 전율하는 새로운 노래가 나오질 않았다.

몇몇 분들은 목회자 내지 교수가 될 것을 권유하셨다. 평생 주님 나라를 위해서 삶을 드리기 위해서 지금부터 체계적인 사역의 틀을 마련해야 한다는 것이다. 찬양 사역자는 어차피 '히트곡' 내지 무대에 설 아이템이 없어지면 생명이 끝이다. 평생 순진하게 노래만 부르다 나이 들어 스러져가는 퇴물 찬양 사역자가 되는 것은 아닌지 두려웠다. 이런 류의 고민들로 가득한 당시의 나에게 이스라엘은 너무나 거리가 먼 이야기였다.

#2
주님의 말씀이
있는 광야로

집으로 돌아와 침대에 누워 무심히 형이 준 책을 펴 들었다. 눈에 들어온 문장은 '이스라엘은 하나님께서 자신의 눈동자 같이 지키시는 나라이다'였다. 우리를 눈동자 같이 지키신다는 표현은 익숙하지만 어떤 한 나라, '이스라엘'을 지키신다는 표현은 매우 생소했다.

여호와께서 그를 황무지에서
짐승이 부르짖는 광야에서 만나시고
호위하시며 보호하시며
자기의 눈동자 같이 지키셨도다

신 32:10

그 책에서는 하나님께서 이스라엘의 회복을 오래 전부터 계획하셨고, 그 일을 행하고 계시다는 것. 아브라함의 형제인 이스마엘(이슬람)을 향한 아버지의 마음은 여전하시다는 것. 우리는 그것을 위해서 함께 기도하고 그 일에 적극적으로 동참해야 한다는 것을 이야기하고 있었다. 내 삶의 관심과 사역의 방향성과는 전혀 상관이 없는, 먼지바람 날리는 황량한 풍경만 연상되었다.

'이 한국 땅에서 이름 없이 조용히 자신의 일을 감당하는 사역자들에게도 분명히 하나님께서 관심을 가지실텐데 무슨 이스라엘까지? 난 애초에 거대 담론에는 관심이 없는 사람이니 그냥 내 삶과 내 사역에 집중하자.' 그렇게 그날 형과의 짧은 만남과 이스라엘 담론은 잊히는 듯 했다.

초겨울 햇살이 유난히 따스하게 느껴지던 오후, 함께 사역하는 후배와 나른한 겨울 햇살을 누리며 따스한 차 한 잔과 담소를 나누었다. 그러던 중, 나는 생각지도 못했던 말을 하고 있었다.

"만약에 내가 지금 집중하고 귀하게 여기고 있는 사역과 삶이 하나님의 관점에서는 별로 중요하지 않다면 어쩌지? 어쩌면 내게 전혀 관심이 없는, 예를 들면 저 이스라엘 같이 회복이 되든 말든 우리의 관심과는 거리가 먼 그곳에 하나님의 사람들이 조금이라도 관심을 기울이기를 원하시는 거라면 어쩌지? 내가 만약 하나님의 기쁘신 뜻을 이루는 것 보다 내 삶과 그것을 살아내는 것에만 집중하고 있는 것은 아닌지 모르겠다."

> 그들이 모였을 때에
> 예수께 여쭈어 주께서 이스라엘 나라를
> 회복하심이 이때니이까 하니
> 이르시되 때와 시기는 아버지께서 자기의 권한에 두셨으니
> 너희가 알 바 아니요
> 오직 성령이 너희에게 임하시면
> 너희가 권능을 받고 예루살렘과 온 유대와 사마리아와
> 땅 끝까지 이르러 내 증인이 되리라 하시니라
>
> 행 1:6-8

"주께서 이스라엘 나라를 회복하심이 이때니이까?" 승천을 앞두신 예수님께 제자들이 던진 질문이다. 메시아가 오셔서 다윗의 왕권을 회복하시고 오랜 억압과 핍박에서 벗어나는 것은 이스라엘의 오랜 갈망이었다. 그러나 예수님은 그들이 기대하던 말씀을 하지 않으셨다.

"때와 시기는 너희가 알 바가 아니다."

이스라엘의 회복에만 관심이 있는 그들에게 성령이 임하시면 예루살렘뿐만이 아니라 불가촉의 땅 사마리아로 나아갈 것을, 더 나아가 자신들은 생각지도 못한 땅 끝까지 이르게 될 것을 명령하셨다. 그것이 진정한 이스라엘의 회복이라는 것이다. 우리가 예수님께 갈망하며 묻고 있는 것은 무엇인가? 이 시대가 요구하고 갈망하는 것은 무엇인가? 그 모든 것을 주님이 원하시는 방법으로 이루고 있는가?

나는 주님이 이루시길 원하는 것에 관심이 있다고 생각했다. 그 이끄심에 따라 사역을 하고 있다고 믿었다. 그동안 참 많은 '선한 일'을 도모하고 있었다. 모두들 훌륭하다고 했다. 나의 사역이 큰 명예와 돈을 위해서 움직이지 않는다고 자신 있게 말할 수 있었다. 성령님의 역사하심을 이 시대가 받아들일 만한 건전하고 세련된 어법으로 노래하고 있었다. 하지만 정말 내가 그분의 관심에 동의하고 마음과 몸을 함께 하고 있었는가 하는 질문에는 자신이 없었다. 성령님은 그런 나에게 낯설지만 넓은 지경으로 이끄시길 원하셨다. 광활하고 황무한 광야로, 주님의 말씀이 있는 그 광야로!

3

이스라엘을
노래하라

2010년 1월, 나고야의 한 일본인 교회에서 열리는 신년 성
회에 초청을 받아 가게 되었다. 그곳에서 예기치 않은 하나님
의 특별한 초대를 받게 되었다. 작고 조용한 시즈오카 공항은
저 멀리 보이는 후지산 때문에 특별한 느낌을 주었다. 넓게 펴
져 있는 녹차 밭, 맑고 청명한 하늘과 공기. 3박4일간 나고야 외
곽 신시로에 위치한 교회에서 모처럼 한가로운 시간들을 보내
고 있었다.

우리가 방문했던 그 교회는 특이하게도 자신들이 만든 찬양
들만 불렀다. 더욱 독특한 것은 그 노래들을 한국말로 번역을
해서 부른다는 것이다. 3박 4일간 성회 내내 자신들의 노래만을
부르는 찬양팀, 낯선 느낌의 일본어 찬양. 어느 샌가 그 노래들
이 귀에 익숙해져 함께 부르고 있었다. 한국으로 돌아오기 전날,
주일 예배. 그날도 그들이 만든 찬양으로 열정적인 예배를 드리
고 있었다.

처녀 이스라엘이여

탬버린을 손에 들고

다시 일어나 함께 춤을 추리라

처녀 이스라엘이여

탬버린을 손에 들고

다시 일어나 춤을 추게 되리라

　찬양팀 리더인 목사님께서 한국을 위해 기도하던 중 예레미야 31장의 말씀을 받고 만든 찬양이다. 무심히 이 노래를 듣고 있는데 마음 가운데 들리던 음성이 있었다. "이제 일어나라 이스라엘! 다시 일어서라 이스라엘! 이것을 가사로 노래를 만들어라." 3집 앨범에 수록될 노래들이 정해지지 않아 고심하던 나에게 성령께서 직접 주신 말씀이긴 했지만 아무 정보나 정서적 동의가 전혀 없이 '이스라엘'에 대한 노래를 만든다는 것은 어렵고 낯선 일이었다. 그러나 무시할 수만은 없었다.

　한국으로 떠나는 날, 아침 일찍 잠에서 깬 나는 어둑한 숙소 복도 의자에 앉아서 성경 말씀을 펴들고 기도를 하기 시작했다. '이사야서를 읽자!' 이는 기도 중에 주신 마음이었다. 평소 이사야서는 크게 결심을 하지 않으면 읽혀지지 않던 말씀이었다. 타

락한 이스라엘 백성을 향한 하나님의 진노와 위로의 말씀이 뒤
섞인 말씀. 지금 내 삶의 풍경에서 읽으면 부담만 되는 그런 말
씀이었다. '이스라엘을 향한 아버지 하나님의 말씀'이라는 맥락
으로 읽어야겠다는 생각을 주셨다. 그 순간 그 모든 말씀이 이
해되어지고 읽혀지고 있었다. 그것은 나를 향한 말씀이기도 했
지만 이스라엘과 그 백성들을 향하여 아버지 하나님께서 간절
히 외치시는 소리였다.

> 에브라임은 나의 사랑하는 아들
> 기뻐하는 자식이 아니냐
> 내가 그를 책망하여 말할 때 마다
> 깊이 생각하노라 그러므로 그를 위하여 내 창자가 들끓으니
> 내가 반드시 그를 불쌍히 여기리라
> 여호와의 말씀이니라
>
> 렘 31:20

시간이 한참 지난 어느 날, 신시로 교회 찬양팀 노래의 모티
브가 되었다는 예레미야 31장의 말씀을 읽으면서 깨닫게 된 사
실이 있다. 당시 성령께 나에게 노래의 가사를 주시는 동시에

'창자가 들끓는 아버지의 마음'을 부어주셨다는 것을 알았다. 그동안 나는 그저 나의 상황과 얄팍한 지식에 의존하여 하나님의 뜻을 이해하려고 했다. 그러다 보니 자신의 의를 이루는 것으로 하나님의 의를 이루고 있다는 착각 속에 살고 있었다. 그러나 하나님의 깊은 것을 통달하시는 성령님께서는 아버지의음성을 듣게 하셨다. 창자가 들끓는 심정으로 우리를 향해서 외치시는 아버지 하나님의 음성이었다.

"이제 일어나라 이스라엘, 다시 일어서라 이스라엘"

시즈오카 공항, 우리를 배웅 나오신 목사님은 한국으로 떠나는 일행들과 일일이 정성스럽게 인사를 나누며 덕담을 해 주셨다. 나에게 인사를 하시며 하신 말씀은 "Sing, Israel!"이었다. 소스라치게 놀랐다. 어제 예배 시간에 있었던 그 일은 아무도 모르는데, 성령님과의 은밀한 대화를 엿들으신 것일까? 서울로돌아와 서둘러 노래를 만들었다. 노래 제목은 「일어나라 이스라엘」.

참 오랫동안 기다렸죠
그대의 회복의 날을
그대를 택하시고 부르셨던

아버지의 시선은
아버지의 마음은
그대를 향해
항상 있었죠

이제 일어나라 이스라엘
다시 일어서라 이스라엘
여호와의 영광이
네 위에 임했네
두려워 마라 이스라엘
겁내지 마라 이스라엘
여호와 그 강한 팔로
너를 붙드시리라

그대는 하나님의 백성
그대는 언약의 백성
오랫동안 먼 여행 떠났던
그대 고된 삶을
그대 힘겨운 삶을

주님 품 안에
아버지 품 안에
품고 계셨죠

이제 일어나라 이스라엘
다시 일어서라 이스라엘
여호와의 영광이
네 위에 임했네
두려워 마라 이스라엘
겁내지 마라 이스라엘
여호와 그 강한 팔로
너를 붙드시리라

- 김도현 3집 「일어나라 이스라엘」

#4
내니
두려워 말아라

지난 4년여의 시간 동안 정신없이 이 나라 저 나라를 돌아다니며 사역을 하였기에 나의 모든 것이 소진된 듯 했다. 그 당시 난 무언가에 홀린 듯이, 마치 그렇게 살지 않으면 안 될 것처럼 누군가 불러주기만 하면, 나를 필요로 하는 곳이 있다라고 하면 크게 조건을 걸지 않고 움직였다. 또한 검증된 목회자와 사역자들만 간다는 유학생 집회의 단골 강사가 되어 정신없이 한국과 해외를 넘나들며 돌아다니기도 했다.

그러한 시간들이 나를 충만한 것으로 채워주기는커녕 나는 점점 사용 기한이 지난 형광등 마냥 깜박거리고 있었다. 부르심에 반응하고 있다는 사명감보다 소모되고 있다는 생각이 강하게 들었고 언젠가 효용가치가 없어져 가차 없이 버림받을 지도 모른다는 생각이 들었고, 살아남아야 한다는 강박관념까지 있었다. 선배 사역자가 농담처럼 "다음 앨범에서 히트곡 한 곡을 또 만들어서 굳히기에 들어가야지. 그게 네가 한국 교계에서 계속 살아 낼 수 있는 방법이지 않을까?"라며 내게 건넸고, 허허

웃어넘기기는 했지만 그 말이 피부에 와닿기도 했다.

그렇게 앞날에 대한 막막함에 몸과 마음이 매우 지친 상태로 있던 즈음, 오랜만에 만난 우현 형이 이스라엘로의 여행을 권한 것이다. 적지 않은 비용을 지불하고 떠나야 하는 여행이라 망설였지만 성령께서 강하게 등을 떠미는 느낌을 들었고, '그래, 가자! 예수님이 거니셨던 땅에 간다는 것 자체로 이미 큰 의미가 있지 않은가?'라고 생각했다.

2010년 1월 말, 몇몇 사역들을 서둘러 정리하고 이스라엘 여행길에 올랐다. 난생 처음 방문한 이스라엘! 200여명의 한국, 미국 그리고 일본에서 온 성도들과 함께 했다. 서로가 익숙지 않은 만남이었지만 단지 예수님께서 거니신 땅에 와 있다는 사실 하나만으로 감격 속에 하루하루를 보내고 있었다.

특별히 갈릴리 호수 위에서 드린 주일 선상 예배는 예수님과 제자들이 거니신 곳에 있다는 사실 하나만으로 예배가 되었다. 예배는 모두가 무언의 동의를 했다는 듯 「가서 제자 삼으라」라는 오래된 복음성가로 시작했다. 모두들 갈릴리의 습기 가득 머금은 수려한 풍경에 취했고 예수님께서 친히 거니셨다는 감격에 성도들은 목청이 터져나가라, "가서! 제. 자. 삼으라!!" 찬양하며 크게 외쳤다.

그러나 낯선 이스라엘의 겨울 풍경은 나를 무장해제 시키기에는 역부족이었다. 처음 접한 메시아닉 유대 목사님들의 메시지는 낯설음과 혼란스러움을 더해 주었다. 또한 예루살렘과 여리고에서의 일정은 피곤하기만 했다. 겨울의 예루살렘은 황량했고, 기대했던 요단 강 가의 풍경은 너무나 실망스러웠다. 발을 담그기에는 물이 너무나 차가웠고, 황토빛 탁하고 얕은 시냇가 수준이었다.

흥겨운 성도들 틈에 배 중간에 어설프게 앉은 나는, '주님…… . 두렵습니다. 막막합니다. 도무지 어떻게 살아가야 할 지 모르겠습니다'라고 속으로 기도했다. 처음으로 방문한 이스라엘 곳곳, 들뜬 일행들 사이에서 '나는 도대체 누구며 앞으로 어떻게 살아가야 하나?'라는 질문을 하며 돌아다녔다.

갈릴리. 누군가 그 곳은 예루살렘과는 느낌이 매우 다를 거라 했는데 정말 갈릴리는 따뜻하고 평온했다. 적당한 습기를 머금은 맑은 공기에 오랜 기침으로 지친 나의 폐와 목이 한결 나아진 느낌이었다. 예루살렘에서는 시차를 핑계로 새벽예배에 참석하지 않는데 여기 갈릴리에서는 새벽 예배에 참석했다. 호텔 지하에 마련된 작은 집회 장소에는 이미 많은 사람들이 모여 열정적으로 찬양을 하고 있었다.

후드티의 모자를 푹 눌러쓰고 맨 뒷좌석에 앉아 묵묵히 기도를 드리던 중 내 영 깊은 곳에서 터져 나오는 울음을 견딜 수 없었다. 그 이유를 알 수 없는 울음은 거의 통곡 수준으로 변하고 있었다. 누가 볼 새라 내 입과 얼굴을 손으로 틀어막고 있었는데도 나의 비명에 가까운 통곡은 멈추지를 않고 계속 되고 있었다.

'내가 왜 이러는 걸까?' 너무나 당혹스러운 순간이었다.

다행히 각자 다들 기도와 찬양에 깊이 몰두하고 있던 터라 나의 그러한 모습을 들키지는 않은 듯 했다. 한 시간 가까이 드리는 예배 중 거의 반 이상을 눈물범벅으로 보낸 나는 원인을 알 수 없는 내 영의 반응에 멍하게 아침 식사를 마쳤다.

그렇게 격정적인 새벽을 보낸 다음이었다. 갈릴리 호수 위를 건너는 배 위에서 내 안에 울렸던 확연하고 분명한 음성이 있었다.

"내니 두려워 말아라."

내 영혼의 눅눅함 가운데 명징한 예수님의 음성을 들은 것이다. 그것이 성경의 몇 장 몇 절에 있는 말씀인지조차 몰랐지만 분명히 예수님께서 제자들을 향하여 하셨던 말씀인 것이 분명했다. '예수님께서 이 이스라엘 여정 중에 함께 계셨구나!' 새벽의 그 이유 모를 통곡의 원인도 서서히 풀리는 듯 했다.

그 후, 선상에서 무슨 일이 있었는지 제대로 기억이 나질 않는다. 갈릴리 호수의 풍경이 어떠했는지 하늘빛과 호수의 빛이 어떠했던가? 그저 내 안에 확연히 울렸던 그 음성 외에는 도무지 기억이 나질 않는다. 그 감격스러운 순간을 조용히 혼자 간직하고 싶었지만 우현 형에게만은 나누고 싶었다. '저도 주님의 음성을 들었어요'라는 식의 영적 체험을 과시하는 정도로 비춰져서는 안 되지 싶었다.

"형, 배 위에서 기도하는데 '내니 두려워 말아라'는 말씀을 주시네요." 무심한 듯 떠벌였다. 워낙에 무덤덤하게 반응하시는 형님이신지라 "그래, 이스라엘에 오면, 특히 예수님이 거니셨던 갈릴리에 오면 하늘이 열리고 말씀이 열리는 경험들을 하지……."

그래! 그날 그 새벽하늘 문이 열린 것이다. 예수님께서 하늘의 문을 여시고 나를 향하여 외치셨던 것이 분명하다. "도현아! 두려워 말아라. 너를 사랑하는 예수가 친히 말한다. 두려워 말아라!" 얼마나 감격스러운 순간이었는지.

이스라엘에서 돌아온 나는 여독이 채 풀리기도 전에 노래 한 곡을 급하게 완성하였다. 마치 내 머리 속에 모든 가사와 선율이 이미 있었던 듯이 몇 분만에 노래 한 곡이 완성되었다.

샬롬
내니 두려워 말아라
나의 아들 나의 딸아
안심하라

샬롬
나의 평안을 주노라
세상과는 다른 평안
두려워 마라

샬롬
내니 두려워 말아라
나의 사랑 나의 이스라엘
안심하라

샬롬
평강 있을지어다

아버지께서 날 보냄 같이

나도 널 보내노라

두려워 마라

샬롬

샬롬

- 김도현 3집 「Shalom」

성경

이스라엘은 나에게 말씀을 열어주었다.
모태 신앙인 나에게 성경 말씀은
익숙하기만 했지 "말씀을 사모한다"라고 말하기에는
솔직히 너무나 이해하기 어렵고 난해한 책이었다.

이스라엘을 방문하기 시작하면서
그 땅의 지명 하나하나가
모두 하나님 언약을 담지하고 있음을 알게 되었다.
그리고 지금도 하나님은 그 말씀의 약속대로 신실하게
그분의 일을 이뤄가시는 것을 발견하게 되었다.
그 후 성경은 나에게 가장 사랑스러운 책,
내 삶의 가장 큰 중심 축이 되었다.

©Noma Jongchul Kim

새로운
지경으로

그 어떤 다른 이유도 없다.
'성령께서 이끄셔서'라는 이유, 나는 그에 순종할 뿐이다.

1

갈림길에
서다

그동안 만들어온 노래들과 이스라엘 여행 후 주신 노래들이
수록될 3집 앨범 녹음 작업을 시작했다. 여느 때와 같이 앨범의
주제를 놓고 많이 고민을 했다. 처음에는 「예수 예수」라는 노래
를 주제곡으로 생각했다. '예수님의 이름. 그분의 이름에 능력이
있고, 그 이름을 부르는 자에게 구원이 있다.' 모두가 거부감 없
이 받아들일 수 있는 주제라 가장 적격이지 않을까 싶었다.

그러나 앨범은 점점 '이스라엘'이라는, 다소 신학적 논란*과
오해의 소지가 있을 주제로 정해지고 있었다. 방언에 대한 책을

---

* 「일어나라 이스라엘」 노래를 완성한 며칠 후 한 신학대학원에서 공부하는 찬양 사역을
하는 선배를 만나서 대화를 나눴다. "형님 제가 얼마 전에 일본을 방문 했었는데, 그곳에서
성령께서 주신 마음을 가지고 '이스라엘 회복'에 관한 노래를 만들었어요. 이스라엘이
회복되길 원하시는 하나님 아버지의 마음을 담아서 만든 찬양입니다." 그 이야기를 묵묵히
듣고 계시던 형님은 의외의 반응을 보이셨다. "도현, 대체신학에 의하면 이스라엘은 더 이상
하나님의 선민이 아니야. 그들은 예수님을 거부했기 때문에 철저히 저주를 받았고 버림을
받았어. 지금 우리가, 교회가 선민이지. 시대착오적이고 신학적으로는 오류가 많은 노래인
거 같은데?" 당시 대체신학이 뭔지도 몰랐던 나에게는 충격적인 반응이었다. 발표가 제대로
되기도 전에 그런 부정적 반응이 있을 줄은 예상 못했다. 적잖게 혼란스러웠다. 그러나
그러한 상황과는 상관없이 이 노래는 이후 내 삶의 틀과 방향을 크게 변화시키는 역할을
하게 된다.

낸 이유로 온갖 검증되지 않은 구설수에 오르내리던 우현 형의 경우를 보아온 나는, 괜한 일로 오해를 받고 싶지 않았다.

당장 '이스라엘' 어쩌고 했다가 '세대주의자'라느니 '제대로 된 신학을 하지도 않은 이가 치우친 것을 주제로 노래한다'는 등의 구설수에 오르는 것도 싫었다. 나 자신도 익숙지 않은 주제의 노래들을, 많은 논란의 여지가 있을지도 모르는 노래를 왜 만들고 부르려고 하는지에 대해 답할 수 없었다. 하지만 이스라엘 여행 중 앞으로의 여정을 놓고 불안해 하던 나에게 주신 말씀, "내니 두려워 말아라"의 음성이 나를 이끌었다. 그 말씀을 바탕으로 만든 「샬롬」이라는 노래가 동기가 되어, 앨범이 점점 내 뜻과는 다른 방향으로 진행되는 것을 보면서 이는 분명히 하나님의 뜻하심이 있을 것이라는 믿음을 가지게 되었다.

하지만 동시에 두려움도 존재했다. 우리의 인식은 한계를 지니고 있어서 늘 하나님의 뜻을 깨닫지 못하곤 한다. 우리는 내가 인식하지 못하고 내 틀에 맞지 않는다는 이유로 하나님께서 이루시고자 하는 일을 제한하고 비판하곤 한다. 내가 익숙한 틀 안에 갇혀 살아가겠는가? 아니면 때로는 주님께서 친히 초대하시는 새롭고 낯선, 어쩌면 위험하게 보이는 생명으로 인도하는 곳으로 이동하겠는가? 나는 두려운 마음으로 그 갈림길에 서 있었다.

\#2
기존의 나를
넘어서는 시간

   3집 앨범 작업은 기존에 하던 작업과는 여러모로 다른 방법으로 진행하였다. 마치 하나님께서 익숙한 것들에서 벗어나게 하시고자 모든 여건을 그렇게 조성하신 듯 했다.

   앨범 보컬 녹음은 방배동의 나의 작은 집에서 진행하였다. 스튜디오에서 정해진 시간 내에 보컬 녹음을 완성해야 하는 건 늘 커다란 부담이었다. 난 늘 자유롭고 치밀하게 보컬 녹음을 해 보고 싶었고, 때문에 그동안 구입만 하고 한 번도 제대로 써 보지 못했던 고가의 녹음용 마이크를 본격적으로 사용해 볼 기회이기도 했다. 하지만 그 과정은 생각보다 쉽지 않았다. 녹음 레벨의 차이도 심했고, 우여곡절 끝에 끝까지 녹음을 해서 겨우 완성한 음원을 실수로 지우기를 여러 번 했다. 그러한 많은 시행착오를 겪은 끝에 마음에 드는 보컬 녹음을 할 수 있었다.

한편, 3집 앨범에서는 늘 혼자서 하던 앨범 프로듀싱을 멀리서 해외여행 중이던 노마 김종철 목사*와 함께 하게 되었다. 작업실에는 늘 나 혼자라 가끔 환기가 필요했고, 그도 긴 여행으로 외로움에 지쳐 있었다. 처음엔 장난처럼 화상 채팅으로 서로 이야기도 주고받고 노래를 들려주곤 하다가 함께 앨범 프로듀싱에 들어가게 된 것이다. 그는 오랜만에 음악 작업을 하는 터라 오히려 나보다 더 열정을 보이며 작업에 참여했다. 내가 편곡한 곡들을 파일로 보내주면, 그가 듣고 자신의 아이디어를 제공했다. 물론 그 작업 방식이 아주 편하지만은 않았고 나름 음악적 고집이 있던 내가 누군가의 의견에 동조하고 편곡에 반영하는 것은 사실 쉽지 않은 일이다. 그래서 가끔 심하게 의견 충돌로 다투기도 여러 번 했던 것 같다. 대부분 아주 사소한 것들이라 나누기는 뭐 하지만 말이다.

하지만 늘 충돌만 있던 것은 아니었다. 오히려 큰 도움이 되던 순간들이 많았다. 오랫동안 작업을 하던 노래들 중에는 편곡에 대한 아이디어가 굳어지고 뻔해지는 느낌이 들어서 앨범에 수록하지 말아야지 했던 노래들이 몇 곡 있었는데 대표적인 예

* 현재 나와 함께 나비공장을 운영하고 있다. 뒤에 있는 '나비공장' 장에서 그와의 만남을 자세히 얘기하겠다.

가 「주없이 살 수 없네」라는 노래였다. 도입 부분의 멜로디가 지루하고 후렴 부분에 가서는 뻔한 코드 진행이라 수록을 포기하려고 했었다. 그러던 중 그와 의견을 주고받다가 단조롭고 직선적이던 8박자 계열의 리듬을 셔플 리듬으로 바꾸게 되면서 빠질 뻔한 노래가 다시 살아나게 되었다. 여러모로 3집 앨범의 작업은 또 한 번 나의 기존 틀을 깨어 부수고 넘어서는 시간이었다.

#.3
내 영역
밖의 일들

성령이 오셨네 앨범 이후 4년 만인 2010년 8월 김도현 3집 「Shalom」이 발매되었다. 그런데 앨범이 발매 되었을 때, 의례히 새 앨범이 나오면 갖게 되는 그런 감흥이 없었다. 오히려 너무나 담담했다. 나의 정서와 감성을 통해서 나온 노래들이지만, 이 노래의 근원은 내가 아니라는 데에서 오는 낯섦이 있었다. 내가 부르고 싶은 노래들이 모여 앨범이 나왔다는 느낌이 아니었다. 오히려 내 영역 밖의 일들을 다룬 것이라는 막연함에서 오는 불안함과 쉽게 정의 내리기 어려운 감정으로 새 앨범을 맞이했던 것이다.

아티스트는 자신이 처한 상황과 경험들이 영감이 되어 작품에 표현된다. 2집 「성령이 오셨네」 당시에 나의 환경이 그 노래를 만들 수밖에 없었던 것처럼 「Shalom」을 만들 당시에도 나의 환경과 성령님의 이끄심은 그 노래가 터져 나오게끔 인도하심이 분명히 있었다. 하지만 「성령이 오셨네」 앨범과는 다르게 「Shalom」 앨범은 내가 전적으로 이해하기 어려운 상태에서 발매가 되었다.

노래를 만들고 부르는 나 자신조차 소화하지 못했던 탓이었을까? 예상대로 앨범은 2집 앨범만큼의 반응은 얻지 못했다. 앨범 발매와 함께 집회를 다니기 시작했지만 처음에는 무슨 노래를 부르고 어떠한 메시지를 전해야 할지도 모른 채 무중력 상태 같은 느낌이었다. '왜 이스라엘에 대한 노래를 부르라고 하셨을까?' 하는 의문이 늘 마음 저 깊은 곳에 남아 있었다.

#4

이스라엘 – 순종

　2010년 1월 첫 방문 이후로 그동안 이스라엘을 여섯 번 방문 하였다. 그런 나에게 누군가 물었다. "왜 그렇게 이스라엘을 자주 방문하세요?" 솔직히 당시에는 이렇다 할 대답을 찾지 못했었다. 돌이켜보면 이스라엘을 향하여 나아가게 된 계기는 단순했다. 그 어떤 다른 이유도 없다. '성령께서 이끄셔서'라는 이유, 나는 그에 순종할 뿐이다.

　처음 이스라엘을 방문했을 때 솔직히 많은 부분이 편하지 못하게 느껴졌다. 메시아닉 유대인*들이 교회인 우리를 지칭하는 말, '이방인, 이방 교회'라는 말은 정말 당황스러웠다. 내가 변방으로 밀려 서자(庶子)취급을 당하는 느낌이 들게 만드는 말이었다. '나는 여지껏 들러리 역할을 했다는 말인가?'

　　우선은 그들이 하나님의 말씀을 맡았음이니라

　　롬 3:2

────────

* 예수님을 믿고 따르는 유대인

바울이 유대인이 나음에 대하여 최우선적으로 여기는 것은, 그들이 하나님의 말씀을 맡은 자들이라는 것이다. 그래서인지 이스라엘 땅을 직접 밟고 나서 그 이후에 보여지는 말씀들이 생겼다. 예수님이 거니셨던 그 땅의 지명들 어느 것 하나 의미없이 기록된 것이 없다는 사실을 알게 되었다. 성경의 모든 언약들은 일차적으로는 이스라엘의 땅과 그 곳의 백성들을 향한 말씀이었다. 그 너무나 단순 분명한 사실을 내가 전혀 인지하지 못 하고 있었다는 사실에 놀랐었다. 그동안 나는 모든 말씀들을 개인의 영적인 영역에만 제한을 시키고 좁은 가치와 이해의 틀 안에 가두는 일이 너무나 많았다.

성령께서 나를 이스라엘로 이끄신 이유는 우선은 말씀을 열어주시기 위한 것임을 확신한다. 이스라엘을 향한 말씀이 아직도 살아 역사하고 있음을 알게 되었다. 그분의 기쁘신 뜻, 이스라엘에 감추어둔 모든 언약의 말씀들이 우리가 자각하지 못하는 순간에도 성취되고 있다는 것을 알게 되었다.

그는 그의 언약 곧 천 대에 걸쳐 명령하신 말씀을 영원히 기억하셨으니 이것은 아브라함과 맺은 언약이고 이삭에게 하신 맹세이며 야곱에게 세우신 율례 곧 이스라엘에게 하신 영원한 언약이라

시 105:8-10

그동안 말씀을 보며 깨닫게 된 사실은, 이스라엘이 회복 된다는 것은 말씀에 기록된 하나님의 언약이라는 점이다. 우리가 동의하든 안 하든 말이다. 그러나 표면적 유대인의 회복이나, 정치적 이스라엘의 무조건적인 지지를 뜻하는 것은 아니다. 오직 이면적 유대인, 마음의 할례를 받은 남은 자들을 향한 언약이다.

나는 아직 탐구하며 아버지의 뜻이 무엇인지 배워야 하는 과정 중에 있다. 이스라엘에 대하여 아주 비판적인 시각에서부터, 이스라엘의 회복에 대한 극단적 형태의 움직임까지 바라보는 시각이 제각각인 상황에서 섣부른 대답은 오해를 불러일으킨다는 사실을 몇 번 경험하면서 이 정도의 언급도 조심스러운 것이 사실이다. 하지만 성경에 기록된 이스라엘이 오늘날의 교회이든, 이스라엘 땅의 남은 자이든 하나님은 구원하시기로 작정하신 당신의 백성을 반드시 회복되게 하실 것은 분명하다.

너희의 하나님이 이르시되
너희는 위로하라 내 백성을 위로하라
너희는 예루살렘의 마음에 닿도록 말하며

그것에게 외치라 그 노역의 때가 끝났고
그 죄악이 사함을 받았느니라
그의 모든 죄로 말미암아 여호와의 손에서
벌을 배나 받았느니라 할지니라 하시니라
외치는 자의 소리여 이르되
너희는 광야에서 여호와의 길을 예비하라
…풀은 마르고 꽃은 시드나
우리 하나님의 말씀은 영원히 서리라 하라

이사야 40:1-8

하나님은 이스라엘을 위로하는 것은 여호와의 길을 예비하는 것이라고 말씀하신다. 아직은 내 안에 걸림도 많고 두려움도 많고, 쉽게 설명되어지지 않은 부분도 많다. 더군다나 이번 앨범 작업이나 여정들이 내가 지금까지 꿈꿔왔던 찬양 사역의 틀과는 아무런 연결점이 보이질 않았다. 그러나 순종하기로 했다. 어딘가에서 하나님의 손길을 기다리는 하나님의 백성을 향하여 위로의 샬롬을 외치는 것. 그것이 교회가, 열방이 하나님의 영광을 보게 하는 일이라는 것을 깨닫게 되었고 그 언약을 붙잡기로 했다.

내 안에 솟아오르고, 굽어지고, 틀어진 모든 것, 내가 선하고 아름답게 여기는 모든 꽃과 풀 같은 것들이 성령의 뜨거운 바람에 소멸되고 '주님의 말씀만 영원하다'는 고백이 나오기까지 달려가리라. 모든 피조물이 온전히 하나님의 영광을 보도록.

종철이

노마 김종철 목사

그는 나의 귀한 친구, 동역자
셜록 홈즈에게 왓슨이 있다면
나에게는 종철이 있다.
우하하하.

©Dohyun Kim

믿음의
모험

우리가 모르는 풍경 속에서 신실하게
언약하신 말씀대로 회복케 하시는 하나님!

\# 1

미국 여행에서의
발견

아무도 이해 못하는
무모한 것도 같은
모든 것을 보이지 않는
그분의 손길에 다 맡기면
눈 앞에 있던 가능성들도
내겐 환상이 되고
새롭게 보일 주님 계획들로
나는 기대 가득하네
주님과 함께 하는 믿음의 모험
어디를 가든지 주만 바라는 것
주님과 함께 하는 믿음의 모험
내 모든 것 포기하고
주님 주신 소망 키워가는 것

- 김도현 3집 「믿음의 모험」 중에서

2010년 9월, 우현 형님과 영상을 만드는 동생 세준이와 함께 하게 된 미국여행을 통해서 하나님께서는 그동안 앨범을 만들면서 가졌던 의문들을 풀어주셨고 앞으로 붙잡고 나아가야 할 주님의 기쁘신 뜻과 길을 보여주셨다.

뉴저지, 샌프란시스코, LA를 방문하였는데, 뉴저지에서 열리는 '프레시 어노인팅'라는 이름의 집회 참석과 60년대 말, 미국 서부 샌프란시스코 등지에서 있었던 '지저스 무브먼트(Jesus Movement)'* 다큐멘터리 제작을 위한 취재가 목적이었다.

당시 그 운동으로 인하여 많은 히피 청년들, 무엇보다 많은 유대 젊은이들이 예수님을 영접하였고, 세속 음악을 하던 이들이 성령님의 이끄심으로 노래를 만들었다. 「물가로 나오라」, 「오 나의 자비로운 주여」 등 단순하고 본질적인 가사와 시대에 뒤쳐지지 않는 스타일의, 이른바 '예수음악(Jesus Music)'을 만들었다. 지금의 CCM과 현대적 스타일 예배 찬양들의 시초가 된 음악이었다. 키이스 그린(Keith Green), 존 윔버(John Wiber), 마라나타 싱어즈(Maranatha! Singers) 등 탁월하고 영적으로 깊은 크리스천 뮤

---

* 찬양 사역자들이라면 관심을 가질만한 역사적 사건이다. 1967년, 미국의 월남전 참전 및 핵무기에 반대하며 평화와 자유를 외치던 히피들에게 성령님이 강력하게 임하셨다. 그것이 바로 지저스 무브먼트, '예수 운동'의 시작이었다.

지션들이 태동하게 된 교회 음악사적으로 매우 중요한 사건이
기도하다. 역사적으로 뜻 깊은 장소를 방문하여 취재를 한다는
사실에 괜스레 흥분되고 기대되는 마음이 있었다.

  뉴저지 청년 집회에서 우현 형은 이스라엘의 회복에 대한 메
시지를 나누었다. 나는 「일어나라 이스라엘」을 부르며 이 노래
를 만들게 된 연유를 나누었고 깊게 기도하는 시간을 가졌다.
주님의 가장 기쁘신 뜻을 구하고, 그것을 감당 해 낼 수 있는 지
혜와 전략을 달라고 간절히 기도하였고 이 시대에 가장 필요한
노래들을 만들 수 있는 감각을 달라고 기도하였다.

  그러다 뜬금없이 '주님, 저는 아무 관심이 없던 이스라엘을
품고 노래를 만들고 앨범까지 냈습니다. 그런데 정작 큰 감동을
주시며 품게 하셨던 일본과 일본어 앨범 제작은 이루어지지를
못하고 있습니다. 그저 한순간의 이벤트였나요? 이유를 알고 싶
습니다. 응답해 주세요. 주님!'이라는 기도를 하게 되었다.

  2006년 나가노를 처음 방문한 이후, 주님께서 부어주신 일
본을 향한 마음을 지니고 많은 일들을 도모했었다. 많은 일본
의 선교사님들과 만남이 이루어지고, 수차례 일본을 방문 하였
지만, 정작 본격적인 사역은 열리지 않았다. 특히 일본어 앨범을
위해 적잖은 시간과 비용을 들였지만, 만족스러운 결과물이 나

오지 않았다. 일본어 앨범 제작은 늘 풀지 못한 숙제 같았다. 집회를 마치고 숙소로 돌아가려는데, 한 자매님이 주차장에서 말을 걸어왔다.

"형제님, 저는 이곳 뉴저지에 있는 일본인 교회에 다니고 있습니다. 저희 교회에서 형제님의 「성령이 오셨네」를 일본어로 번역해서 부르고 있습니다. 왜 일본어 앨범을 내지 않으시나요?"

그분은 일본인 교회를 담임하고 있는 카츠노리 나카지마 목사(테츠오 나카지마 목사*의 아들)의 아내였다. 5년 전 성령께서는 나카지마 목사에게 '미국 동부에 가서 개척을 하라'는 강한 마음의 감동을 주셔서 순종하는 마음으로 플러싱 지역에 일본인 교회를 개척했다. 그러나 낯선 미국 땅에서의 목회가 쉬울 리가 없었다. 마음이 낙심되어 목회를 접고 일본으로 다시 돌아갈까를 여러 번 고민했다고 한다. 그러던 중, 2006년 우현 형이 미국 동부 지역을 방문하여 집회를 했을 때 그 자리에 함께 있었다고 한다. 그 집회에서 하나님은 그분들을 격려하시고, 주님이 주셨

---

* 일본 야쿠자 보스 출신 목사. 90년대 일본의 야쿠자들이 예수님을 영접하고 회심하는 일이 있었고 그들은 전도사, 목회자로 자신의 삶을 주님께 헌신하였다. '미션 바라바'라는 선교팀을 만들어 일본 전국을 돌며 복음을 전하기도 했다.

던 약속을 다시 붙잡고 목회를 계속하게 하셨다. 그날 사모님과
의 만남은 기도의 응답이었다. 집회 후 그 분들과의 교제를 통
하여 현재 하나님의 방법과 계획은 철저히 무시한 채 내가 원하
는 방법들로 이뤄내려는 모습을 보게 하셨다.

　일본을 향한 하나님의 마음과 계획을 신중하게 묻고 살피지
않고 내가 좋아하고 선호하는 방식으로 나아가다 보니 아무런
열매를 맺지 못하고 있었다. 그것 때문에 실족하고 비전을 주신
하나님께 함부로 원망을 늘어놓았던 것을 회개하였고 일본으로
다시 부르시는 하나님의 계획을 보게 되었다.

#2

예수 운동

　여정 중 샌프란시스코를 방문했을 때였다. 금문교의 시작점,
골든게이트에 서서 수많은 히피들이 '자유'를 부르짖던 순간을
상상해 보았다. 그들이 자유를 부르짖었을 때 하늘의 문이 열리
고 이 땅을 향한 하나님의 오랜 경륜에 따라 성령님이 임하시는
그 광경을 상상하니 마음이 뜨거워졌다. '나에게도 하늘 문이

더욱 열리기를, 더 이상 나의 한계로 허덕이는 일이 없기를, 하나님의 친밀하심을 늘 경험하는 사람이 되고 싶다'는 기도를 드렸다.

지저스 무브먼트가 일어났던 시절에 예수님을 영접하셨고 지금은 거리의 전도자로 사역하시는 나이 지긋하신 분들을 만났다. 안경을 쓴 지적인 모습의 목사님과 큰 키에 푸른 눈이 인상적인 자매였다. 히피들이 탄생한 헤이트 스트리트(Hate Street)가 그들의 사역지였다. 그들은 그 거리의 한 카페에서 진지하게 토론을 하거나 상담을 하며 복음을 전했다. 자매는 거리에 서서 회복과 회개를 의미하는 이스라엘 전통 악기인 쇼파르(양각 나팔)를 불었다. 이 장면을 본 수많은 사람들은 "그 소리를 들으면 이상하게 어두움과 슬픔이 물러가고, 정결해지는 느낌이 듭니다"라고 고백했다고 한다. 우연히 그 분들의 거리 전도 사역을 볼 수 있었는데, 거리에서 만난 이스라엘에서 왔다는 청년에게 다가가 성령께서 주시는 마음을 즉석에서 나누었고 그 청년은 진지하게 전하는 말들을 들었다. 바로 말로만 듣던 능력 전도(Faith Mission)였다.

지저스 무브먼트 당시 주축이 되었던 시내의 한 교회를 방문했다. 한 때 극장이었던 이 교회의 모습은 평범하지 않았다. 넓은 공간과 높은 천장, 고색창연한 실내 장식. 한쪽에는 영화 촬영에서나 쓰는 커다란 크레인 카메라도 보였다. 무대에 세팅된 악기 대부분은 마치 6, 70년대를 옮겨 온 듯 빈티지한 것들이었다. 저녁 집회가 있는 날, 교회에 삼삼오오 사람들이 모이기 시작했다. 자유로운 분위기에서 사이키델릭한 사운드의 연주가 시작되더니 모두들 춤을 추기 시작했다. 젊은 사람이건 나이 많은 사람이건 상관없이 자유롭게 찬양하며 춤을 추었다. 발레 동작을 하며 넓은 무대를 맘껏 뛰어 다니는 사람도 있었고, 노숙자 같은 행색을 한 여인과 장애인으로 보이는 흑인도 보이는 등 다양한 종류의 사람들이 모여 예배를 드렸다. 타임머신을 타고 옛 시대로 이동한 듯한 착각이 들었다. 집회 후 담임 목사님과 인터뷰를 했다. 그분도 지저스 무브먼트를 통해 예수님을 영접한 유대인이라고 했다. 또한 이름을 밝힐 수는 없지만 영향력 있는 예루살렘의 정통 랍비가 예수님을 직접 만나 영접하는 일이 있었다는 것이다. 사도 바울에게 그랬듯, 유대인들에게 직접 찾아가시는 예수님이셨고 지금도 그러한 예수님을 우리가 만나고 있는 것이다.

구원자가 시온에서 오사 ,

야곱에게서 경건하지 않은 것을 돌이키시겠고
내가 그들의 죄를 없이 할 때에
그들에게 이루어질 내 언약이 이것이라…
하나님의 은사와 부르심에는 후회하심이 없느니라

롬 11:26-27, 29

우리가 모르는 풍경 속에서 신실하게 언약하신 말씀대로 회복케 하시는 하나님! 가슴이 뭉클해지는 순간이었다. 짧은 인터뷰를 마치고 선약이 있어 가야 하신다던 목사님은 갑자기 성령께서 전하라는 말이 있다며 다시 돌아왔다. 최근 중국의 한 자매가 기도 중 성령께서 환상을 보여주셨다고 한다. 일본이라는 배가 가라앉게 될 것. 그 일로 일본의 많은 영혼들이 구원을 받게 되는데, 한국의 방언 기도를 하는 사람들의 중보의 영향이라는 것이다. 놀랍고 신기한 이야기이긴 했지만 그저 '영적인 어떠한 상황을 기도 중에 보여주신 것이겠거니' 대수롭지 않게 여겼다. 이 이야기는 2012년 3월 11일 일본 대지진이 있기 6개월 전에 들은 것이다.

LA로 건너간 우리는 제이슨 소벨이라는 메시아닉 유대인을 만났다. 뉴욕에서 젊은이들을 위한 사역을 하다 이제 막 LA로 이사했다고 한다. 그의 집은 말리브 해변이 보이는 전망 좋은 곳에 위치하고 있었다. 첫 만남임에도 제이슨은 우리 일행을 매우 반갑게 맞아 주었다. 자신을 랍비이자 목사라고 소개했다. 그는 젊어서는 술과 마약, 동양 철학 등에 깊이 빠져 있었다. 그런 그가 어느 날 예수님을 만나고 잊고 지내던 유대인적 정체성을 회복하였고 그 후 하나님의 말씀을 깊이 연구하여 독특한 스타일로 복음을 전했다. 그는 자신의 사역을 퓨전(Fusion)이라고 명명했다. 헐리웃에서 열리는 모임에서 젊은이들을 대상으로 힙합, 댄스, 미디어를 섞어 말씀을 가르쳤다. 인터뷰를 마치고 우리를 위해 기도해 주었는데 기도를 드리며 중간 중간 예언적 선포를 하는 독특한 형태였다. 나를 위해서 기도하며 '모세의 노래와 어린양의 노래'를 부르게 될 것이라고 하며 그것을 위해서 노력하고 기도하라고 했다. 그 당시에는 '모세와 어린양의 노래'가 무엇을 의미하는지 깨닫지 못했다. 정확한 이유는 알 수 없었지만 막연하게 '대단히 깊은 영적인 노래'를 뜻한다는 느낌, 내가 언젠가 그 노래를 부르게 될 것 같은 느낌이 강하게 들었다.

#5
교토에서의
모험

2011년 2월, 우연히 만나 알게 된 일본 교토의 L 선교사님 초청으로 그 분의 교회와 몇몇 작은 모임에서 집회를 하게 되었다. 오사카 간사이공항에 도착 했을 때는 날은 저물었고, 겨울비가 추적추적 내리고 있었다. 일본을 혼자 방문한 것이 처음이었던 탓에 살짝 긴장한 마음으로 교토로 향하는 리무진 버스에 올랐다. 한 시간 반 가량을 달려 도착한 교토의 밤 풍경은 어두웠다. 마중 나오신 남편 되시는 P 목사님은 가무잡잡한 피부에 얼핏 장난꾸러기 소년의 모습이 보여 왠지 친근한 느낌이 들었다. 일본 성도의 차를 타고 숙소로 가는 길에 목사님은 내일 있을 주일 예배 때 말씀을 전해달라고 부탁하셨다.

'말씀? 찬양 사역자에게 무슨 말씀을 전하라는 것인지?'

당황스러운 마음에 목사님께 나는 평신도로서 깨달은 말씀을 잠시 나누고 간증은 가능하다고 말씀드렸다. 그 때 목사님은 "네, 평신도이신 것 알고 있습니다. 그런데 저는 당연히 말씀을 나누실 것이라고 생각하고 설교 준비를 안 했습니다. 성령께서 주시는 말씀을 편안하게 나누시면 됩니다."라고 답하셨다.

　나의 상황이나 의견을 무시하고 단호하게 그리 말하는 목사님이 약간은 원망스러웠다. 평신도 찬양 사역자가 말씀을 나눈다는 것은 상상도 못할 일이었다. 언젠가 후배 목사의 초청으로 교회 성가대를 위해 부담없이 말씀을 나눌 기회가 있었는데, 그때 그 자리에 L 선교사님이 함께 하셨었다. 검은 단발머리에 매우 단정한 이미지를 가지신 L 선교사님은 당시 건강에 이상이 있어 치료차 잠시 한국에 방문하셨다가 지인을 만나려고 그 자리에 함께 하시게 된 것이다.

　그때 내가 전하는 말씀을 듣고 '언제 저 분을 모셔서 교회에서 함께 말씀을 나누게 해야지' 하셨다고 한다. 그분은 내가 원래 그렇게 말씀을 전하고 찬양을 하는 사람이라고 생각을 하셨다는 것이다. 그렇게 인연이 되어 교토라는 곳까지 오게 된 사연을 떠올리며 숙소로 향했다.

　다음날 아침 일찍, 남편 되시는 P 목사님과 함께 아침 식사를 하러 나온 교토의 풍경. 저 멀리 눈 덮인 산이 보이는 동네는 매우 정갈했다. 주일 아침부터 자전거를 타고 어디론가 향하는 몇몇 사람들. 길가에 작은 시냇물들이 흐르고 있었고, 조금 나아가니 큰 강이 흐르고 있었다. 쌀쌀하지만 청량한 교토의 공기와 아름답고 소박한 풍경에 취해 말씀을 나누어야 한다는 부담감을 잠시 잊게 되었다.

예배 처소는 동네의 자그마한 마을 회관이었다. 일본 성도들 십여 명이 모였다. 아이들도 몇몇과 대부분이 여자 성도였다. '무슨 말씀을 전해야 하나……?' 말씀을 전해야 한다는 부담감에 아침 일찍 눈이 떠져 기도하던 중 에베소서 1장의 말씀을 생각나게 하셨다.

> 우리 주 예수 그리스도의 하나님, 영광의 아버지께서
> 지혜와 계시의 정신을 너희에게 주사 하나님을 알게 하시고
> 너희 마음눈을 밝히사 그의 부르심의 소망이 무엇이며
> 성도 안에서 그 기업의 영광의 풍성이 무엇이며
> 그의 힘의 강력으로 역사하심을 따라 믿는 우리에게
> 베푸신 능력의 지극히 크심이 어떤 것을
> 너희로 알게 하시기를 구하노라
>
> 엡 1:17-19

사도 바울이 에베소 교회 성도들에게 간절한 마음으로 기도하듯 나누었던 말씀이었다. 이 말씀을 토대로 '우리의 눈이 밝

아져서 각자가 얼마나 놀라운 일에 부르심 받았는지 깨닫자'는 말씀을 나누었다. 그리고 「성령이 오셨네」, 「샬롬」, 「봄」이라는 찬양을 나누는 것으로 말씀을 마쳤다. 너무 긴장하여 어떻게 말씀을 맺었는지 기억은 잘 나지 않지만 예배 중 일본 성도들의 눈에 눈물이 맺혀 있는 것을 얼핏 보았던 것 같다. '설마 내가 전하는 말씀 때문에 저분들이 눈물을 보이시는 걸까?' 그분들의 반응이 은근히 격려가 되었던 것은 사실이다.

그날 이후 일주일가량을 교토에 머물면서 일본 성도분들에게 말씀을 나누게 되었다. 수요일 성경공부 모임에서 '하나님 나라'에 대한 말씀을 나누고, 어느 성도가 베푼 저녁 식사 겸 예배 모임에서는 예기치도 않게 '이스라엘을 향한 하나님의 뜻과 우리의 하나됨'을 나누었다. 성령께서는 매일 아침 나눌 말씀들을 주셨고, 그 말씀을 그저 나누기만 하면 되었다. 탁월하고 훌륭한 설교가의 말씀 선포에 비하면 어색하고 한없이 부족한 말씀이었지만, 일본의 성도 분들은 마치 스펀지가 물을 흡수하듯이 말씀 듣고 받아들였다.

몇 년 전 누군가 나를 위해서 기도하면서 "언젠가는 말씀을 선포하는 자리에 세우실 것입니다. 지금은 그것이 터무니없이 여겨질지 모르지만, 분명히 하나님께서 세우시길 원합니다. 그

것을 위해서 말씀을 깊게 공부하게 되는 시간이 있을 겁니다"
라고 했던 말이 생각났다. 당시에는 정말 나를 몰라도 한참 모
르는 이야기라고 여겼다. '찬양 사역자가 무슨? 게다가 신학교
를 다닌 것도, 아니 갈 생각도 전혀 없는 내가 무슨 말씀을 전하
나?' 그런데 교토에서 찬양을 부르는 시간보다 오히려 말씀을
나누는 시간이 더 많았고 심지어 어떤 분들은 찬양도 좋았지만
말씀 선포 시간이 너무나 좋았다는 말을 듣곤 했다.

교토에서 머물렀던 일주일간의 시간은 나를 다른 지경으로
옮기시려는 하나님의 의도를 경험하는 모험의 시간이었다. 더
불어 그동안 그토록 발매하려고 노력했던 일본어 앨범도 발매
하게 되었는데 L 선교사님의 번역과 지난 몇 년간 일본 지체들
이 정성스레 번역해 주었던 노래들을 모아서 2011년 4월, 일본
어 앨범 「haru 春」를 발매한 것이다. 이 과정을 통해 나의 작은
순종과 드려짐을 통해서 하나님은 당신의 계획을 이뤄 가신다
는 사실을 알게 되었다. 나의 노력과 내 안의 내재된 자원을 가
지고는 도저히 이룰 수 없었던 일들을 하나님은 너무나 쉽고 수
월하게 이루어 주셨다.

일본과 이스라엘, 어쩌면 내가 지내온 삶의 궤적과는 전혀
상관이 없어 보이던 두 나라를 통해서 하나님은 그분의 계획을

보여주시고 그 길 위에 서도록 이끌고 계셨다.

At Kyoto ⓒDohyun Kim

산책

햇살은 나른하니…
타박 타박 동네 한 바퀴 돌다 보면
자전거 타고 가는 학생
게으른 강아지 산책시키는 아가씨
장바구니 들고 시장가는 아주머니
무리지어 동네 간섭하고 다니는 동네 꼬마들의 풍경…

얼마만에 누려보는 여유로운 풍경이던가.

하 나 님 의   말 씀 은   영 원 히   서 리 라

PART 4

강한 팔로
붙드시리라

진동

샬롬 샬롬 샬롬!
우리 가정을 향한 예수님의 외침이었다.

#1

일본 지진

2011년 3월 11일, 나는 그 날을 잊을 수 없다. 영상을 만드는 동생 동훈이가 문자를 보내왔다. "형! 일본에 진도 8의 지진이 왔대요!" 그 말이 무엇을 의미하는지 감이 안 왔다. 워낙에 일본에는 지진이 많기에 무심한 반응을 보였다. 그날 저녁 서울의 모 교회에서 집회가 있었다. 대기하는 시간 내내 무언가 마음 한구석이 울렁거리고 있었다. 그 이유를 알지는 못했지만 왠지 마음이 불안했다.

집에 돌아와 뉴스에서 본 장면은 너무나 충격적이었다. 영화 특수효과에서나 볼 수 있을 법한 그러한 장면들! 온 도시가 바닷물에 덮이고 배가 소용돌이 속으로 빨려 들어가는 모습이었다. 그날 밤 악몽에 시달렸다. 이웃 나라의 그 일이 내 존재에 영향을 주었다. 마치 내게도 커다란 지진이 일어난 느낌이 들었다.

만군의 여호와가 이같이 말하노라

조금 있으면 내가 하늘과 땅과 육지를 진동시킬 것이요

학 2:6

2011년을 맞으며 주님께서 주신 말씀이 학개서의 말씀이었다. 그동안 여러 번 「Shalom」이라는 노래를 나누며 이 말씀을 전했었다. 일본에서도 나누었던 말씀이다.

그러나 이런 식의 물리적 진동을 말한 것은 아니었다. 그저 우리의 존재를 흔드실 영적 비유와 상징으로만 받아들였다. "하나님의 말씀은 영원하고 그 말씀은 반드시 이뤄진다"라고 쉽게 선포했지만 정작 그 말씀이 이뤄지는 풍경 앞에서 나는 너무나 낯설어하며 못 믿겠다는 반응을 보이고 있었다. 내 굳은 마음과 닫힌 귀와 가려진 눈을 여시는 순간이었다. 여러 생각을 갖게 하는 사건이었다.

'나는 무엇을 해야 하는가?'

'이 상황에 일본의 사람들을 어떻게 살고 있을까?'

#2

고난,
하나님의 비밀

그로부터 한 달 뒤 나의 삶과 가족에게도 강한 진동이 찾아

그런 시절

"강에 배 띄워놓고 고기나 잡으면서…
잡은 고기 팔아서 연명하면서 사는게 소원이었던 시절이 있었지…"
선배의 그 말 안에 담긴 그가 겪은 20대의 깊고 우울한 추억.

하긴… 나도 그러고 싶던 시절이 있었지….
무언가를 이루는 것이 다 부질없어 보이던 시절,
한숨이 노래고 절망이 습관이던 시절.

그 절망을 접고 새로운 소망으로 살아내기로 결심한다.
그리고
"내가 죽지 않고 살아서 여호와의 하신 일을 말하리라" 시 118:17

왔다. 그 해 여름에 있을 이스라엘 여행에 부모님과 여동생이 함께 할 것을 계획하고 있었다. 그 일정을 의논하려 가벼운 마음으로 막내 여동생에게 전화를 걸었을 때 너무나 기가 막히는 이야기를 들었다.

"오빠, 아빠랑 엄마 얼마 전에 건강 검진 받으셨잖아? 아빠 결과가 나왔는데, 위암이래…….”

순간적으로 그 말들이 해석 불가한 문장으로 들려왔다. 그 날 이후 커다란 쓰나미가 훑고 지나가듯 평온하던 일상이 흔들리고 무너졌다. 아버지는 위를 모두 절단하는 수술을 하셔야 했고, 가족들은 그 모든 상황이 너무나 혼란스러웠기에 유난스럽게 울거나 떠들지도 못한 채 그저 조용히 속으로 모든 아픔이 지나가기를 기다리며 견뎌내야 했다. 난 그 와중에 진행하고 있던 일본어 앨범을 발매해야 했고, 잡혀 있던 일정들도 소화해내야 했다.

아버지 수술이 있으시던 바로 전날, 모 교회 주일 대예배에서 특송을 부르기로 약속이 되어 있었다. 온 가족이 그 예배에 참석하였고 「Shalom」을 불렀다. 아니, 외쳤다.

내니 두려워 말아라!

나의 사랑 나의 이스라엘!

샬롬 샬롬 샬롬!

우리 가정을 향한 예수님의 외침이었다. 예수님께서 약속하
신 말씀을 붙잡는 것 외에는 다른 방법이 없다는 것을 알았다.
수술 후, 난생 처음 아버지와 어머니 그리고 여동생이 함께 가
족 예배를 드렸다. 가족들이 서로 얼굴을 맞대고 기도를 한다는
것은 사실 평소에는 어색하여 꿈도 못 꾸던 일이었는데 함께 찬
송가를 부르고 내가 말씀을 나누고 다 같이 손을 잡고 기도했
다. 아버지의 병이 온전히 낫기를, 어머니의 마음 깊은 상처가
회복되기를, 우리 가정이 온전히 주님의 기뻐하시는 뜻만 이루
는 가정이 되기를 기도했다. 이내 성령께서는 우리 가정 가운데
임하셔서 우리가 미처 알지 못하는 부분들을 만지시고 회복시
키셨다. 항암 치료를 받는 중 아버지는 전혀 성경책을 펼쳐보지
도 않으셨던 초보적인 신앙을 가진 분이셨는데 집에서 성경을
읽기 시작하셨다. 성경을 읽고 노트 가득 말씀들을 적고 공부하
시며 괴롭고 힘겨운 시간들을 견뎌 내셨다.

주변의 많은 믿음의 지체들이 함께 기도해 주었다. 심지어
교토의 나이 지긋하신 성도님께서 일본을 위해서 헌신한 '도현

상'의 아버지이기 때문에 함께 기도하고 그 아픔에 동참하고 싶다며 아버지의 투병 생활을 돕고 싶으신 마음에 고가의 영양제와 항암 치료시 필요한 것들을 보내주셨다.

> 너희가 애굽에서 나올 때에
> 내가 너희와 언약한 말과
> 나의 영이 계속하여 머물러 있나니
> 너희는 두려워하지 말지어다
> 만군의 여호와가 이같이 말하노라
> 조금 있으면 내가 하늘과 땅과 바다와 육지를 진동시킬 것이요
> 또한 모든 나라를 진동시킬 것이며
> 모든 나라의 보배가 (혹은 사모하는 것이) 이르리니
> 내가 이 성전에 영광이 충만하게 하리라
> 만군의 여호와의 말이니라
>
> 학 2:5-7

우리는 온전해 보이는 삶이 흔들릴 때 그것을 고난이라고 부른다. 그러나 하나님의 손으로 이 땅의 모든 것을 흔드시는 순간, 언약의 말씀을 붙들고 있는 자들에게는 생명 탄생의 시작이

며, 모든 사모하던 것들이 쏟아지는 시간이며 하나님의 영광이 드러나는 경이로움이다. 안일한 삶에서 한없이 머물기 원하던 나를 주님께서는 이전에는 내가 상상하지 못했던 풍경으로 이끄셨다. 역설적이게도 하나님은 '진동'하게 하심을 통해 우리를 당신의 더 깊은 곳으로 초대하신다. 이것은 하나님의 비밀이다.

진동

진정한 평온함은
잔잔함에서 오는 평온함이 아니라고
늘 말을 하고 생각을 했다만…
정작 삶이 살짝 흔들리니
그 평온함이 흔들리더라.

삶의 주관자 되신 주님이
이 모든 것을 주관 하신다는 믿음이
살짝 흔들렸던 것일까?

그리스도의 평강이 너희 마음을 주장하게 하라
골 3:15

– 아버지 위암 판정 받은 날

©Noma Jongchul Kim

나비공장

나비(nabi)는 히브리어로 선지자를,
공장(工匠)은 스가랴서 1:21의 하나님의 백성들을 헤쳐
흩어버린 열 개의 뿔을 꺾은 장인들을 의미한다.
나비공장은 하나님의 음성을 전달하는 선지자적 영성을 지닌 자들과
하나님의 명령대로 작품을 구현해 내는,
마음이 지혜로운 장인들이 일어서기를 소망하며 만든
공간의 이름이자 사역의 형태이다.

#1
푸른
애벌레

노래 「성령이 나오셨네」가 나온 지 어느덧 4년째가 되어 가
고 있던 때였다. 다음 앨범을 준비해야 된다는 부담감과 그 앨
범의 주제가 제대로 잡히지 않아 매우 고심을 하고 있었다.

"그동안 만든 노래들을 모아 앨범으로 내놓으면 되지 않는
지?" 간혹 그렇게 묻는 분들이 있다. 하지만 워낙에 주제를 잡고
작업을 하는 것이 나의 철칙이라 노래 몇 곡이 쓰여졌다고 그것
들을 모아 앨범을 만들어 낸다는 것은 생각 못 할 일이다.

한편, 어느 샌가 남들의 시선에 신경을 쓰는 사람이 되어가
고 있었다. 아티스트가 제도권이 요구하는 것들을 만들어 내고
안주한다는 것은 '퇴물들'이나 하는 매우 비겁한 행동이라고 여
겨왔었다. 그러나 나 자신도 그 범주에서 크게 벗어나지는 않아
보였다. 그것에서 벗어나기 위하여 몇 가지 시도하며 변화를 꾀
했지만 매번 새롭다라는 느낌보다는 기존 사역의 변주에 지나
지 않는다는 생각이 들었다. 그리고 어떤 면에서는 예술가답지
않은 일에 오랜 기간 몰두하고 있는 것 같았고 더 창조적이고

실험적인 일들을 시도해 보고 싶었다. 그래서 시작하게 된 것이 '나비공장'이라는 공간을 만드는 것이었다.

공간에 대한 관심은 예전부터 많이 갖고 있었다. 르 코르뷔지에, 프랑크 게리, 안도 다다오, 김수근, 승효상 등 해외와 국내 예술 건축가들의 포트폴리오 화보집과 저서들을 보는 것이 취미 중 하나였다. 또한 거창하고 유명한 건축물이 아니더라도, 소박한 느낌의 공간에 거했을 때 가졌던 강한 인상들이 내 머리 속에 깊이 각인되어 있었다.

공간을 꾸민다는 것이 또 다른 창작이고 자유로움이라는 사실을 군종병으로 근무하던 시절에 이미 경험을 한 바 있다. 한 평도 안 되던 군종실을 빈센트 반 고흐의 「아를의 노란 집」을 흉내내어 꾸몄다. 벽은 짙은 노란색으로 책상과 책장은 파란색으로 칠하였다. 유리 깨어진 낡은 샷시 문을 떼어내고 목공에게 부탁하여 두텁고 투박한 나무 문을 만들었다. 책장 빼곡히 소설책, 에세이집, 영화 평론집, 잡지들을 가져다가 채워놓았다. 그 작은 방 안에서 일탈을 꿈꾸는 병사들과 맘껏 자신들만의 세상을 꿈꾸고 그리워하곤 했었다. 무채색의 군대에서 군인 신분의 내가 저지를 수 있는 유일한 도발이자 창작 행위였다.

나비공장을 만들 당시 나는 어느 개척 교회의 소그룹 리더로

있었는데, 그 소그룹의 이름은 '푸른 애벌레'였다. 시인과 촌장
의 노래「푸른 애벌레의 꿈」에서 힌트를 얻은 이름이다. 소그룹
의 구성원은 대부분 음악을 하거나 예술적 재능이 많은 친구들
이었다. 그들과 함께 말씀을 나누고, 작업실을 만들어 음악과 음
식을 나누며, 작은 음악회도 여는 등, 그러한 것을 할 수 있는 공
간을 찾아 다녔다. 그러던 중 방배동에 20년도 더 된, 방 2개짜
리 낡은 집을 월세로 얻었다. 후배들과 함께 직접 페인트 칠을
하는 등, 폐기 처분된 공간을 재창조하는 재미로 잠시 바닥난
감성이 잠시 채워지는 듯 했다. 그리고 '푸른 애벌레'들이 모인
공간이니 이름은 '나비공장'으로 하자고 했다. 난생 처음 공간
을 갖게 되었다는 기쁨과 새로운 형태의 사역을 도모 할 수 있
다는 기대감으로 가득했다.

　그러나 그 공간은 생각했던 방향으로 진행이 되지 않았다.
여러가지 사정상 공간과 몇몇 친구만 남은 채 나비공장의 첫 의
미는 사라지게 되었다.

#2

김종철 목사를
부르시다

그즈음 하나님께서는 예기치 않은 만남을 갖게 하셨다. 앞서 언급했던 동갑내기 친구 김종철 목사와의 만남이었다. 당시 그 친구는 2년째 세계 여행을 하고 있던 때였다. 음악을 전공했다는 점 말고는 서로 공통점이 전혀 없는 친구였다.

2009년 12월, 어느 날 나비공장에 모여 후배들과 예배를 드리던 때였는데, 각자 기도에 몰두하던 중, 갑자기 성령께서는 나에게 그 친구를 위한 기도를 시키셨다. 갑자기 영문을 알 수 없는 통곡이 나오기 시작했다. 함께 기도하는 친구들이 당황할까 싶어 조용히 방으로 들어가 기도를 멈추고 마음을 가다듬었다. 다시 기도에 몰두하자 멈추었던 눈물이 다시 나오기 시작했다. 아무리 노력을 해도 멈추지를 않아 괴로울 지경이었다. 그때 내 안에 주시는 음성이 있었다.

'그 아들은 내가 기뻐하는 아들이요 사랑하는 아들이다. 지금은 나를 멀리 떠나 있고 깊은 상처로 괴로워하고 있지만, 나는 그를 너무나 사랑하며 그를 향하여 놀라운 계획들을 가지고 있다.'

당황스럽지만 감격스러웠다. 택하신 자를 잊지 않으시고 찾아내시는 아버지 하나님의 마음이 느껴졌다.

내가 새벽 날개를 치며 바다 끝에 가서 거주할지라도
거기서도 주의 손이 나를 인도하시며
주의 오른손이 나를 붙드시리이다

시 139:9-10

보스톤의 한 유명 음악대학에서 공부를 하던 김종철 목사는 어느 날 아버지가 파킨슨병을 앓게 되었다는 사실을 알게 되었다. 그런데 아버지의 치유를 위하여 새벽 기도를 드리러 나간 첫 날, 목회자로 부르시는 음성을 듣게 되었다고 한다. 애써 거부하였지만 그러면 그럴수록 매번 강하게 드는 확신을 외면 할 수 없었고 한국으로 돌아와 모 신학 대학원에서 공부를 하여 목사 안수를 받았다.

대형 교회의 부교역자로 사역을 시작한 그는 열정적으로 사역을 시작하였다. 특히 평소에 관심이 많던 청소년 사역은 나름의 큰 결실을 맺으며 즐거움을 주곤 했지만 교역자에게 당연스레 요구되는 태도와 사역 현장에서의 부대낌은 늘 그를 힘들고

©Noma Jongchul Kim

나비공장 풍경

2010년 나비공장이라는 공간을 만들면서
나와 종철 목사는 새로운 하나님의 이끄심에 들어간다.
그것은 새로운 일을 도모하는 것 정도의 수준이 아닌,
우리를 빚으시는 그분의, 거칠고 강한 토기장이의 손길이었다.

저 사진을 찍을 때만 해도 우리는 그저 아름다운 공간을 주신
하나님께 감사하고, 앞으로 있을 우리 나름의 비전을 펼칠
일들에 가슴 설레어 하고 있었다.

겉으로는 우아해 보이는 공간이지만, 저 안에서
우리는 강한 압력으로 눌리고
깨지고, 바스러지는 경험을 하게 된다.

지치게 만들었다. 자신이 목회자로서 자격 없는 사람이라는 생각에 괴로운 나머지 교회 사역을 내려놓고 조금은 더 자유롭고 자신의 기량을 펼칠 수 있는 대안 학교에서 청소년 사회복지 관련 일들을 하였다.

그러나 그 안에 무언가를 향한 여전한 갈망들이 들끓고 있었던 것인지, 결국에는 모든 일을 내려놓고 5년간의 세계 여행을 떠났다. 그가 여행을 떠나면서 마음 먹었던 것은 '세상 어디를 가든 내가 편히 쉴 수 있는 곳에 가서 의미 있는 일을 하다가 조용히 이 세상에서 사라지리라'였다고 한다. 무엇이 그리 허무하기에 '집시처럼 떠돌다가 사라지는 것'이 그의 삶의 목표가 되었을까?

김종철 목사의 그러한 상황들은 당시 내가 「일어나라 이스라엘」을 쓸 때 가사의 소재가 되었다. 일본 나고야에서 이스라엘의 회복을 노래로 만들어야 된다는 마음은 받았지만, 막상 어떠한 정보나 정서적 동의가 없는 상황에서 노래의 가사를 쓴다는 것은 너무나 어려운 일이었다. 우연히 김종철 목사와 채팅을 하던 중 그 친구의 상황이 이스라엘과 같다는 생각이 들었다. 그리고 바로 몇 분도 안 되어 노래가 완성된 것이다.

「일어나라 이스라엘」을 들어보면 나와 화음을 맞춰 노래하는 종철 목사의 미성이 나온다. 한참 나비공장 문제로 마음이

복잡하던 때, 머리도 시킬 겸 그가 머물고 있던 중미의 과테말
라로 무작정 여행을 떠났다. 그때 노트북과 마이크를 가지고 가
서 호텔 방에 앉아 그의 목소리를 녹음했다. 그의 목소리를 녹
음하며 마음으로 기도했다. '하나님 늘 눈동자처럼 지키시는 이
아들이 당신의 부르심에 다시 반응하도록 역사해 주세요.'

그 기도의 응답이었을까? 2010년 8월, 그는 마지막 목적지
로 삼았던 아프리카를 남겨두고 귀국하였다. "아프리카 가기 전
에 성령충만 받아서 다시 떠나는 것은 어떻겠니?"라는 나의 제
안이 있은 후였다. 당시 그의 기질과 상황에는 도저히 상상이
안 가는 다소 엉뚱한 제안이었지만, 그는 귀국을 한 것이다. 그
리고 귀국하고 얼마지나지 않아 성령님과 뜨거운 조우를 하게
되었다. 나는 그를 볼 때 마다. '하나님의 은사와 부르심에는 후
회하심이 없다'는 로마서의 말씀이 떠오르곤 한다.

\#3
두 번째 나비공장

그와 함께 나비공장을 재정비하였다. 처음 만들면서 그렸던

모양새는 아니지만 오히려 더 다양한 일들을 도모할 수 있게 되었는데 그 시초로 나비공장 사이트*를 열었다. 그곳을 통해 삶의 소소한 이야기에서부터 말씀을 보며 주신 생각들을 나누었다. 그리고 2010년 1월 13일 서초동에 있는 25평 공간을 얻어 '두 번째 나비공장'이라고 명했다. 혼자서 나비공장을 운영했었다면 아마 훨씬 소극적으로 일을 도모했을 것이다. 무모하리만큼 일을 벌이는 종철 목사를 통하여 오히려 처음에 막연하게 꿈만 꾸던 일들이 구현되는 것을 보면서, 그를 만나게 하신 이유를 깨닫게 된다.

현재 나비공장에서는 많은 일들을 도모하고 있다. 국내외유·무명 CCM, Jazz 뮤지션들의 공연이 '나비 음악회'와 '공장 음악회'라는 이름으로 매월 열리고 있으며 김종철 목사는 자신의 전공을 살려 '씽씽공장'이라는 보컬 수업을 하고 있다. 형태는 보컬 수업이지만 그 안에서 학생들은 하나님의 깊은 만지심을 통한 회복을 경험하고 있다. 특히 아침마다 몇몇의 지인들이 모여 예배를 드리고 말씀을 깊이 공부하고 있는데 그 과정을 통해서 더욱 분명하게 나비공장과 각자의 삶을 향한 하나님의 뜻

* www.nabigongjang.com

을 발견하고 있다.

> 너희 안에 행하시는 이는 하나님이시니
> 자기의 기쁘신 뜻을 위하여 너희에게 소원을 두고 행하게 하시나니
> 모든 일을 원망과 시비가 없이 하라
> 이는 너희가 흠이 없고 순전하여 어그러지고 거스르는 세대 가운데서
> 하나님의 흠 없는 자녀로 세상에서 그들 가운데 빛들로 나타내며
> 생명의 말씀을 밝혀 나의 달음질이 헛되지 아니하고
> 수고도 헛되지 아니함으로 그리스도의 날에 내가 자랑할 것이 있게
> 하려 함이라
>
> 빌 2:13-16

바울은 하나님의 기뻐하시는 뜻을 말씀했다. 그 뜻 안에서 소원을 받아 나의 삶과 내 자아를 구현하는 삶이 아닌, 오직 그분의 기쁘신 뜻을 이루는 삶을 말씀하고 있는 것이다. 어쩌면 처음에 나비공장을 계획했을 때는 일종의 자아실현이었을지도 모른다. 소원은 주님이 주셨지만 그 소원을 이뤄가는 방식이 철저히 자아를 실현하고 내 예술가적 기질을 더 발현시킬 수 있는 공간을 꿈꾸었던 것이 분명하다. 그러나 주님은 그분의 방식으

로 나를 다루시기 시작하셨다.

첫 번째 나비공장이 완성 되어지고 얼마 안 되어 사실상 좌초되는 위기에 처했을 때 나는 매우 절망하였다. 내 안에 원망과 시비가 생겼다. 그러나 곧 하나님은 나를 그분의 뜻이 무엇인지 찾고자 하도록 나를 이끄셨다. 일본으로 본격적으로 나아가게 된 것도, 동시에 이스라엘을 품게 된 것도 그 즈음이었다. 내가 추구하는 것을 내려놓지 않으면 안 된다는 것을 철저하게 배웠던 시간이었다. 철저히 자신의 부인하고 각자에게 맡겨진 십자가를 순종하는 마음으로 지고 가는 것이 중요하다. 그렇지 않으면 이 세상의 흐름과 가치처럼 '자아 실현이라는 물결'에 휩쓸리게 된다. 오직 말씀의 등불을 들고 하나님께서 처음 주신 목적을 향하여 면밀히 살피며 나아가는 것 그것이 진정한 선지자(나비)와 아티스트(공장)가 되는 것이다.

하나님께서 나비공장을 통해서 이루실 일을 기대한다. 그것이 어떠한 형태가 되었든, 무엇을 하든지 아버지께서 이 땅에서 가장 이루시고자 하는 뜻을 담아가는 그릇이 되기를 너무나 소원한다.

Walking Jew

아직은 낯설은 저들
아직은 이해하기 어려운 저들
그러나 나의 형제
이스라엘

주님의 마음을
가진자

주님의 마음이 부어지는 순간,
제자들은 진정한 '하나님의 큰 일'에 동참하기 시작하였다.

나를 비롯하여 많은 사람들은 하나님의 뜻과 하나님의 마음
이 무엇인지 궁금해 한다.

바울은 말한다.

누가 주의 마음을 알아서 주를 가르치겠느냐
그러나 우리가 그리스도의 마음을 가졌느니라

고전 2:16

바울은 당당하게 자신이 주님의 마음을 알고 가졌다고 말한
다. 처음에 이 말씀을 보았을 때 그의 당당함에 마음이 거북했
다. 기껏 우리는 피조물에 불과한데 '주님의 마음을 안다'라니.
아무리 바울 사도라지만 너무 교만한 것 아닌가? 그러나 성경을
조금만 자세히 읽어보면 바울의 이러한 고백이 결코 교만함에
서 나온 것이 아님을 알게 된다.

너희는 내가 명하는 대로 행하면 곧 나의 친구라
이제부터는 너희를 종이라 하지 아니하리니
종은 주인이 하는 것을 알지 못함이라
너희를 친구라 하였노니

내가 내 아버지께 들은 것을
다 너희에게 알게 하였음이라

요 15:14-15

예수님은 자신의 계명을 지키는 자들을 '친구'라고 부르셨
다. 그리고 친구인 우리들에게 아버지로부터 들은 모든 비밀과
전략을 즉 '그 분의 마음'을 알리신다고 말씀하신다.
심지어 하나님은 아브라함에게 이러한 파격적 말씀도 하신다.

여호와께서 이르시되 내가 하려는 것을 아브라함에게 숨기겠느냐

창 18:17

참 감격적이고 놀라운 말씀이지 않는가? 하나님께서 하시려
는 일을 아브라함에게는 숨기지 않으시고 다 알려주신다는 것
이다. 이처럼 믿음의 조상 아브라함은 하나님과 친밀감이 넘치
는 관계에 있었고 이러한 축복을 누리기에 합당한 사람이라 생
각한다. 그렇다면 과연 나는 가능할까?

나를 믿는 자는 내가 하는 일을 그도 할 것이요

또한 그보다 큰 일도 하리니 이는 내가 아버지께로 감이라

요 14:12

예수님을 믿는 자는 예수님이 하시는 일을 할 뿐 아니라, 그
보다 큰 일을 할 것이라고 말씀하신 이유는 예수님께서 이 세상
을 떠나 아버지께로 가시기 때문이다. 그렇기 때문에 제자인 우
리는 그 큰 일을 '해야만 한다'고 명령하시는 것이다. 우리는 아
버지의 마음을 알아야 하고, 그 마음을 아는 자는 예수님보다
큰 일을 해야만 한다.

"나는 그리스도의 마음을 가졌느니라." 그것은 교만한 태도
이거나 영적인 자기도취에 빠진 자의 고백이 아니다. 오히려 그
일을 바라지도 않고, "나는 그저 삶의 소소함만을 추구하면서
살렵니다" 하는 태도가 교만한 태도인 것이다. 하나님을 경외하
고 그분의 말씀에 순종하는 자에게 놀라운 축복이 주어진다.

여호와의 친밀하심이 그를 경외하는 자들에게 있음이여
그의 언약을 그들에게 보이시리로다

시 25:14

여호와의 친밀하심(secret)이라는 말의 히브리어는 '쏘드'이다.
'총회, 모의, 비밀'이라는 뜻이다.

누가 여호와의 회의에 참여하여 그 말을 알아 들었으며
누가 귀를 기울여 그 말을 들었느냐
렘 23:18

선지자인 예레미야는 하나님의 음성을 듣고 이스라엘 백성
에서 하나님의 뜻을 전하는 역할을 하였다. 그는 감히 여호와의
비밀 회의, 쏘드에 참석하였다. 그 일은 하나님을 경외하는 자
에게, 허락되어지는 일이다. 대부분 우리가 생각하는 '큰 일'은
세상에 큰 영향력을 주고 유명해지는 것, 모든 이들이 주목하
고 대단하다 여길 정도의 일을 '큰 일'이라고 명한다. 그러나 하
나님의 큰 일은 때론 겨자씨같이 작아 보여 사람들이 미처 깨닫
지도 못하고 알지도 못하는 수준이기도 하고, 온 우주가 놀라고
진동할 만큼 크고 강력하게 보이기도 한다. 바울은 에베소 교회
를 향하여 이러한 기도를 한다.

우리 주 예수 그리스도의 하나님,

영광의 아버지께서 지혜와 계시의 영을 너희에게 주사

하나님을 알게 하시고

너희 마음의 눈을 밝히사

그의 부르심의 소망이 무엇이며

성도 안에서 그 기업의 영광의 풍성함이 무엇이며

그의 힘의 위력으로 역사하심을 따라

믿는 우리에게 베푸신 능력의 지극히 크심이

어떠한 것을 너의로 알게 하시기를 구하노라

엡 1:17-19

바울의 기도는, 그저 희망 사항을 말하는 것이 아니다. 부르심을 잊고 사는 우리에게 하나님께서 우리를 무엇으로 부르셨는지, 어떠한 수준의 삶을 살기를 원하시는지 일깨워주는 기도이다. '지혜와 계시의 영'이라고 하면 왠지 은사주의자들이 자주 이야기하는 단어 혹은 인간의 길흉화복을 내다보는 무엇이라 여겨질지도 모른다. 그러나 그 수준의 것을 말하는 것이 아니다. 성령의 제일 첫 열매는 지혜와 지식의 말씀이다. 그 말씀을 이해하고 깨닫게 되는 것은 우리의 지적인 수준으로는 도저히 불가능하다. 성령님의 지혜와 그분의 계시로 열어주셔야만 가능한 것이 하나님의 말씀이다. 그 말씀에 대한 깊은 이해와 지식이 없이, 우리가 이 땅에서 하나님을 위해서 무엇인가를 한다는 것은 불가능하다.

하나님께서는 다윗을 일컬어 "내 마음에 맞는 사람이라 내 뜻을 다 이루리라"(행 13:22)고 하셨다. 그에게는 하나님의 말씀을 깊이 통찰하고 하나님의 기쁘신 뜻을 이루려는 열망이 가득했던 사람이다. 그 열망과 태도를 하나님은 너무나 기쁘게 여기셨고, 실제로 그의 온 삶을 통하여 하나님의 기쁘신 뜻을 보이시고 이루셨다. 다윗에게 주어진 축복은 몇몇 특별한 영적 영웅들에게만 허락된 것이 아니라 하나님의 자녀인 우리에게 당연히 허락되고, 동시에 요구되는 삶이다.

바울은 계속해서 말한다.

모든 성도 중에서 지극히 작은 자보다
더 작은 나에게 이 은혜를 주신 것은
측량할 수 없는 그리스도의 풍성함을 이방인에게 전하게 하시고
영원부터 만물을 창조하신 하나님 속에 감추어졌던 비밀의 경륜이
어떠한 것을 드러내게 하려 하심이라.
이는 이제 교회로 말미암아 하늘에 있는 통치자들과 권세들에게

하나님의 각종 지혜를 알게 하려 하심이니
곧 영원부터 우리 주 그리스도 예수 안에서
예정하신 뜻대로 하신 것이라

엡 3:8-11

그리스도의 몸된 교회인 우리에게 허락 되어진 삶은 하늘에 있는 통치자, 권세들에게 하나님의 각종 지혜를 '알게 하는 것'이다. 이것은 이미 예정된 뜻이라는 것이다. 우리의 신분은 그저 삶을 근근히 살아내는 수준이 아니라는 것이다. 지금 우리의 수준과 현실을 봤을 때, 바울의 이러한 '희망사항'은 정말 먼 나라 이야기처럼 들린다. 예수님 당시에 제자들은 하나님의 큰 일, '이스라엘의 회복'을 너무나 갈망했던 사람들이다. 오죽했으면 예수님이 승천하시기 전에 그들이 드렸던 질문이 "주께서 이스라엘을 회복하심이 이때이니까?"(행 1:6)였을 정도니 말이다.

온 이스라엘이 갈망했던 메시야는 이스라엘을 그간의 압제에서 해방시키고 다윗의 왕권을 회복하여 영원히 이스라엘 나라를 다스리는 자였다. 그러나 메시아이신 예수님은 엉뚱하게도 약하고, 수준 미달에, 배신한 전적까지 있는 제자들에게 함께 하자고 하며 일을 맡기신다. 게다가 그들이 바라던 모양의 이스

라엘의 회복도 아니었고, 그것은 제자들의 입장에서는 일종의
동문서답이었다. 그러나 정확히 예수님은 명령하셨다.

오직 성령이 너희에게 임하시면
너희가 권능을 받고
예루살렘과 온 유대와 사마리아와
땅 끝까지 이르러 내 증인이 되리라

행 1:8

증인된 삶! 그것은 하나님 나라의 비밀을 그분의 마음을, 땅
끝까지 증언하는 삶이다. 예수님께서 나다나엘에게 '이보다 큰
일을 보리라(요 1:50)'고 약속하셨던 그 큰 일이 오순절 날, 하늘
문이 열리고 제자들에게 성령님이 강림하심으로 시작되었다.
하나님의 큰 일을 자신의 수준과 가치로 한정 짓던 제자들의 눈
이 열리고, 주님의 마음이 부어지는 순간, 제자들은 진정한 '하
나님의 큰 일'에 동참하기 시작하였다.

하나님의 자녀라면, 예수님의 제자라고 한다면, 그 일이 자
신의 삶에도 일어나기를 갈망하고 아버지의 뜻에 온전히 순종
하길 바랄 것이다. 우리의 기준을 내려놓고 온전히 그분의 뜻에

순종하는 것이 중요하다. 오랜 시간 동안 내가 하나님의 큰 일을 한다는 것은 가당치도 않다고 단정짓고 있었다. 하지만 그것은 자녀로서의 당연한 삶이지, 선택의 영역이 아니라는 사실을 깨닫고 내 삶에 적용하기로 했다. 앞날에 대한 보장도 없는 '찬양 사역자'로 살아가기로 작정한 것에 감사하며, 이 사역을 통해 당신의 큰 일을 이루실 하나님을 기대한다.

2012년 가을, 집회 참석차 포항으로 향하던 기차 안에서 한 문장이 떠올랐다.

'주님의 마음을 가진 자'

그 문장이 모티브가 되어 내려가는 기차 안에서 노랫말이 써졌다. 나를 향한 하나님의 뜻은 너무나 분명하다는 것을 알게 되면서 내 삶의 방향은 오롯이 정해졌다.

주님의 마음을 가진 자*

주님의 마음을 주님의 심장을

주님의 시선을 가진 자

상한 갈대와 꺼져가는 등불을

---

* 부록 CD 수록곡 No.5

외면하지 않을 자 누구인가
주님의 눈물을 주님의 아픔을
주님의 애통을 가진 자
이 땅을 향하신 주님의 마음을 가진 자
누구인가 누구인가

자신의 생각을 자신의 유익을
자신의 고집을 버린 자
주님 말씀에 온전한 순종과 믿음을 보일 자
누구인가
주님의 뜻 따라 주님의 의 따라
주님 기뻐하는 그 뜻 따라
자기 부인하고 십자가 지고
주님만을 따를 자
누구인가

주님의 성령 부어주소서
굳은 마음 제하시고
이 땅을 향한 주의 애끓는 맘 부으사

무너진 교회 회복 시키고

주 오실 길 예비하는 하나님의 사람

그 마음 가진 자 주님의 마음에 합한 자로

세워주소서

기도

주여 넓으신 은혜 베푸사
나를 받아주시고
나의 품은 뜻
주의 뜻 같이 되게 하여 주소서

내가 매일 십자가 앞에
더 가까이 가오니
구세주의 흘린 보배 피로서
나를 정케 하소서

- 찬송가 「주의 음성을 내가 들으니」 중에서

내가 참 많이 좋아하는 찬송가 가사이다.

특히
"나의 품은 뜻 주의 뜻 같이 되게 하여 주소서"

내가 무엇을 품든지
그것이 주님의 뜻과 일치가 되는 지경까지 가기를 바란다.

내가 원하는 무엇을 바라고 또 바라는
허망한 시절은 이제 벗어버리고
아버지 하나님께서 기뻐하시는 뜻이
내게도 기쁜 뜻이 되기를
그렇게 되어가기를 바란다.

Succat Hallel in Jerusalem ©Dohyun Kim

에필로그

광야에서의
쉼

　지금 이 글을 마무리하는 곳은 도쿄의 시모키타자와(下北澤)
라는, 일본의 젊은이들이 많이 모이는 소박하고 오래된 동네이
다. 개성적인 소품들과 구제옷들을 파는 작은 상점들. 굳이 멋을
부리지 않아도 자연스러운 멋쟁이들이 강아지를 데리고 타박
타박 한가롭게 거리를 산책하는 모습. 이렇게 소소한 일상을 살
아가는 사람들 틈에 있다 보면, 삶이 그리 대단한 것도 아니지
않나 하는 생각이 든다. 누군가 남의 시선을 의식하며 굳이 살
지 않아도 되고, 그저 내 삶만 잘 꾸려나갈 정도의 벌이와 작은
일거리라도 하면서 삶을 살아가는 것. 맛있는 음식을 먹고, 골
목길을 거닐다가 마음 편한 사람들과 즐거운 대화를 나누는 삶.
그렇게 사는 삶이 나쁘지 않다는 생각이 들게 만드는 동네이다.
이렇게 평범하고 소소한 일상을 사랑하는 내가, 어쩌다가 사역

을 한다고 여기저기 돌아다니는 인생이 되었을까 싶다. 내가 꿈
꾸던 삶은 이러한 삶이 아닌데 말이다.

2012년 3월 일본 후쿠시마 근처의 작은 기도원에서 열리는
집회 참석 중에 나는 이 책을 쓰기로 결심하였다. 일본 성도들
이 찬양하는 시간, 갑자기 진동이 느껴졌다. 처음에는 성도들이
찬양하며 뛰어서 그런가? 싶었는데 이내 그것이 지진이었다는
것을 알았다. 30초도 채 되지 않은 지진이었지만, 온몸이 긴장
되었다. 난생 처음 경험한 지진이었다. 그 지진이 나에게 어떤
영향을 주었는지, 갑자기 '일본과 이스라엘으로 이끄신 하나님
의 인도하심을 글로 기록해야겠다'라는 결심을 하게 되었다. 사
실 글로 기록하고 책으로 나눌 만큼 대단한 삶을 살지 못했다.
그러나 지금까지 걸어온 길은 '성령께서 이끄셨다'라고 해야만

설명 되어지는 것들이 많았다. 그 하나님의 일하심을 노래로만
나누기에는 부족하다는 생각이 들었다.

　나의 작은 인생 가운데 보여주신 하나님의 선하심과 그분의
자비하심을 글로 나누고 싶었다. 화려한 무대도 아니고 삶의 대
단한 업적도 아니며 오직 말씀이 있는 그곳, 아버지의 얼굴이
있는 그곳, 광야. 그곳으로 나를 이끄신 하나님. 그 하나님의 인
도하심을 나누고 싶었다. 아버지 하나님께서 광야에 마련하신
안식처에서 나의 귀한 몸된 교회, 그대들과 쉬고 싶다.

　나는 말하기를 만일 내게 비둘기 같이 날개가 있다면
　날아가서 편히 쉬리로다
　내가 멀리 날아가서 광야에 머무르리로다

내가 나의 피난처로 속히 가서

폭풍과 광풍을 피하리라 하였도다

시 55:6-8

김도현 에세이
그 나라의 봄

초판 1쇄 인쇄 | 2014년 2월 10일
초판 1쇄 발행 | 2014년 2월 15일

지은이 | 김도현
펴낸이 | 고경원
펴낸곳 | (주)필로
편　집 | 권오철
디자인 | 디자인필, 호유선

등록번호 | 제2013-000233호(2013년 12월 6일)
주　소 | (137-879) 서울시 서초구 서리풀 3길 24, 205호 거송빌딩
전　화 | (02)3489-4300　FAX | (02)3489-4329

www.designphil.co.kr
Printed in Korea.
ISBN 979-11-951855-0-4 03230

※가격은 뒤표지에 있습니다. 잘못된 책은 구입하신 곳에서 교환해 드립니다.

이 도서의 국립중앙도서관 출판시도서목록(CIP)은 e-CIP
홈페이지(http://seoji.nl.go.kr)에서 이용하실 수 있습니다.
CIP제어번호: CIP2014003659